四日市の未来《あした》へ

三重県議会議員
稲垣 昭義 著

イマジン出版

目次

まえがき

第Ⅰ編　夢―四日市の可能性……1

1　産業都市四日市―航空宇宙産業への飛躍　3
2　「市」のまち四日市　6
3　サッカーどころ四日市（Jリーグのあるまち）　8
4　若者があふれるまち　12
5　大学など学ぶ場の充実　14
6　未来を担う子どもを育てる―子どもの貧困との闘い　15
7　地域医療・介護体制の充実　19
8　多様化した働き方への挑戦　21
9　国際都市四日市、共生社会の実現　23
10　美しい環境を未来へ　26
11　市民の命を守る　28
12　中核市移行を実現する　31

第Ⅱ編　住民と政治……33

1　選挙の重要性　33

目　次

2　議員と住民との関わり　36

第Ⅲ編　県議会での取組みと気づき……47

1　私の一般質問をふり返る　48

第Ⅳ編　一人の市民が議員になるまで　若い力で得た、落選と当選のありがたさ……141

1　はじめての立候補で落選（1999年）　141
2　仲間の激励―そして　県議に当選―（2003年）　158
3　いよいよ議会での活動だ！　164
4　立法機関としての実践　203
5　通年議会の採用　206
6　応召旅費制度の廃止　208
7　議員年金の廃止　210
8　議員定数削減・選挙区見直し　212

おわりに　217

著者プロフィール　219

まえがき

四日市は東海道の宿場町として栄え、古くは日本武尊の伝説も多く残る歴史のあるまちである。

大入道などのからくり山車や、現在ユネスコの世界無形文化遺産登録の申請をしている鯨船などの文化財も多く残る。

また、全国の獅子舞発祥の地とも言われており、各地区には今でも多くの獅子舞が存在しそれぞれの保存会によって伝承されている。

日本の港湾の中で四日市港の歴史は古く日本の産業発展に重要な役割を果たしてきている。

そして今、産業としては紡績業から石油化学コンビナート、最先端の半導体など日本の近代化の歴史と共に歩み、太平洋ベルト地帯の重要な都市の一つとして日本の産業をこれまで支えてきた。このような工業都市である一方、自然や水が豊かで西部に広がる田園風景や茶畑風景にも癒される。

歴史や文化、自然だけではなく、未来に伸びる非常に魅力的な要素が四日市には詰まっている。

その可能性を現実のものにしたい。みんなが幸せになる、夢や希望に向けて挑戦できる環境をつくろう。そんな思いでこれまでの道をまとめてみた。県議会議員に立候補時の原点や四期十四年の県議会議員としての活動をふり返り、四日市の未来を描いた。

自立できるまちとして、誇り高く未来《あした》への道筋を四日市の皆さんと歩くために。ご一読頂ければ幸いです。

２０１６年７月

稲垣　昭義

第Ⅰ編　夢―四日市の可能性

三重県議会議員として四期十四年の自分自身の活動を振り返ると、要望や相談事の多くは四日市市の案件であり、また私が行った過去十五回の一般質問をみても四日市市の県政課題が多くなっている。県議会議員は県内全体のことを考える視野が必要であることは当然であるが、私は住民の代表であり、具体的には、四日市選挙区の、四日市市市民の声を県議会に伝えるための代表であるのだから私自身が四日市の課題に関する関心が高くなりその取組が多くなることは当然ともいえる。但し、もちろん四日市市民だけが良ければよいというのではない。四日市市民のためにも、県全体を考える必要がありそして、私の視点は、議員当選時に誓い、最初の一般質問でも強調した20年、30年先を見据えて、四日市市民そして県民の繁栄をもたらすための政策を実現していくことは言うまでもない。

さて、まずは、四日市から新しい仕組みをつくるという思いを込めて私の四日市の夢を語りたい。

四日市市は人口三十万人を超える都市である。私はこれからの新しい挑戦をしていくのにちょうどいい自治体規模だと考えている。県内の他の都市や県外の多くの自治体を訪れて様々な調査をしてきたが、例えば人口数万人程度の自治体では、ＮＰＯ活動や市民活動、まちづくりなどの取組に行政職員が入り込んでやっている事例が多く、先進的と評価されている取組においても行政職員の存在が重要であることが多い。

一方、四日市では、様々なＮＰＯ活動や市民活動、まちづくりなどの取組を民間が立ち上げそこからネットワークが広がっている。まちづくりのみならず福祉、介護、医療、子育て、経済活動などそれぞれの分野でいろいろな人が活躍しており、新しい分野に新しい人が出てくる土壌がある。そんな中、それぞれの分野で活躍している人たちが実はいろんな所で繋がっていたりする。行政職員が中に入らず、それぞれの分野で多くの方が活躍しリーダーも多く育ち、また新しい人が生まれてきてネットワークも出来てくるといった形は大きな四日市の魅力であると考える。ここに行政職員が違った角度から関わることによって更にこの魅力が膨らむ可能性を秘めている。四日市市以上の規模の都市で例えば人口百万人くらいの都市では、人材は豊富で様々な分野で活躍している人は多く新しい人も生まれてくる土壌はあるが、そのネットワークを作っていくには大きすぎるため一体感がなかなか生まれず、行政との距離感もあいてしまいがちである。このように私は感じており四日市市は非常にいい自治体規模であり更なる可能性を秘めていると考える。

少子高齢化時代にこれから新しい仕組みを日本が作っていかなければいけない中、

新しい仕組みづくりに挑戦するには四日市は、このように非常に魅力的な可能性を秘めた都市である。大都市問題や限界集落、消滅自治体など多くの問題を各都市が抱える中、私は四日市市で様々な実践をする中で自立したまちをつくり、未来に向けての答えを出していきたいと考える。

1、産業都市四日市―航空宇宙産業への飛躍

様々な魅力がある四日市ではあるが、何といっても四日市は産業都市である。特に県立の四日市工業高校と四日市中央工業という二つの工業高校と伝統ある四日市商業高校などから産業都市四日市を牽引する有為な人材がたくさん輩出されてきている。現在県議会では四日市工業高校に新たに専攻科を設け地元の企業ニーズにあった人材を更に輩出できるよう進めているが、これからも産業都市四日市が輝き続けるためには人が最も大切であり、ぜひ更に専門的な技術や能力を取得した人材を育てるため、地元産業のニーズに合った専攻科の設置を実現したいと考えている。また第二次産業、第三次産業のみならず四日市は第一次産業も盛んである。第一次産業が担い手不足となり、今後海外との厳しい競争の中で生き残れるかどうかが問われているが、私たち人間の生きる糧である食料を確保するため、食の安全安心を守るため、豊かな自然を

守るため第一次産業は非常に重要である。そんな中、悲観することなく第一次産業の新しい形にも挑戦していく必要がある。農業をやるにも漁業をやるにもやはり人が最も大切であることを考えると、県立四日市農芸高校に新しい挑戦をする専攻科を設けることも工業高校専攻科設置の後検討していきたいと思う。

四日市にはたくさんのものづくり企業が立地をしていて、素晴らし技術を持った中小企業が多く存在する。自動車、機械、電機、電子など様々な分野で活躍をいただく企業の技術を活かして私はこれまでの産業に加えて新たに航空宇宙産業を四日市の産業の柱にしたいと考えている。２０１５年11月三菱航空機の「ＭＲＪ」がテスト飛行で空を飛んだ。国産旅客機としては、戦後の「ＹＳ11」から実に五十年以上の開発空白があって今回の「ＭＲＪ」の挑戦である。これまでの国内航空機産業は海外メーカーの下請けであったが、本気で日本が航空機産業に参入するための第一歩が踏み出された。航空機産業は現在日本での産業規模は自動車産業の四十分の一であるが、自動車の部品は約三万点といわれているのに対して航空機産業の部品は約三百万点といわれていて自動車産業の約百倍裾野が広い産業といえる。三重県としては「みえ航空宇宙産業振興ビジョン」を定め中長期的視点で新たな産業の柱として大きな可能性のある航空宇宙産業を打ち出し企業の人材育成の取組を始めている。市場を見てみると、客席が六十席～百席程度のリージョナル機と呼ばれるものは、世界中で三千機～四千機が飛んでおり、今後二十年間の新規需要は約五千機が見込まれる。ブラジルの航空機メーカー、エンブラエルとカナダの航空機メーカー、ボンバルディアが市場を二分している状況の中で、中国のARJとロシアのスーパージェットが国策として新規参入を図っているという現状がある。ここに新たに日本が参入していく中で私はものづくり企業が多く立地する四日市で新しい産業として航空機の部品をつくっていけるようにしたいと考える。

「日本で最初に飛行機を飛ばした人をご存知ですか？」1916年10月5日はじめて日本の空を飛行機が飛んだ。この飛行機は「玉井式2号機」と呼ばれ玉井清太郎氏によってつくられた。この玉井清太郎氏は弟の玉井藤一郎氏と共に日本のライト兄弟と呼ばれ四日市市浜田の出身である。兄の玉井清太郎氏は残念ながらその翌年に「玉井式3号機」で飛行中に墜落炎上し二十四歳の若さで亡くなった。その時、故人を偲びライト兄弟から弔電が送られたといわれている。その意思を継ぎ、弟の玉井藤一郎氏によって1919年「粟津式青鳥号」がつくられ、三重郡河原田村→四日市港の沖合→三重村坂部→河原田村→四日市市街→四日市港の築港地区のコースを二巡して、約二十五分後に無事着陸したといわれている。この「粟津式青鳥号」は現在四日市市立博物館に八分の一の模型が収蔵されており私は学芸員さんにお世話になって見せていただいたが、模型であるが、実際飛ぶ構造になっているということであった。

私は、四日市の先人が日本で初めて飛行機をつくったということを知り、政治家として四日市で航空宇宙産業をひとつの柱にしなければいけないと誓った。玉井兄弟という素晴らしい先輩の偉業を私たちが受け継いでいきたいと考える。世界の空を国産の飛行機が飛ぶようになった時、「国産飛行機のあの部品は四日市この企業が作っている」といえるような産業に育てていきたいと考える。全国に誇れる技術を持った多くの中小企業の皆さんと力を合わせて必ず実現したい私の夢のひとつである。

2、「市」のまち四日市

四日市は室町時代にその名の通り毎月四がつく日に「市」が開催されたことから「四日市」となった。今でも市内各地で定期的に「市」が開催されており四日市の魅力の一つである。慈善橋で行われている「市」が四日市で最も古い歴史があるといわれているが、三滝川の河川改修でこの「市」が存続危機にあった時、私は「市」を開催してきた二つの団体と一緒に、JA、四日市市、県との粘り強い協議の末、「市」を存続さ

せることに成功した。河川改修後、新たに設立させた朝市協同組合によって90年以上の歴史がある慈善橋の「市」の新しい歴史が始まっている。

私は、四日市にとってこの「市」の存在は欠くことが出来ないまちの魅力の一つであり、市内各所で開催される定期市の今後更なる活性化をはかりたいと思う。また、私が仲間たちと始めた四日市ドームや市民公園などで開催されるフリーマーケットも年々広がってきている。最近はマルシェと呼ばれる新しい「市」の形も生まれてきている。このような新しい形態の「市」も含めて四日市の魅力として発信していきたい。全国には八日市や三日市など「市」がつく自治体があるがこれらのまちもそれぞれの日に定期市が開かれてきたという同様の理由からその名がついたのであろうと思う。私は全国のこのような市と連携をして「全国市サミット」のようなものを開催してもおもしろいのではないかと考える。

四日市にしかできないことの一つは「四日」に徹底的にこだわったまちづくりである。「本日四日市」ということで毎月四日に市内の皆さんや企業に協力をいただき、様々なイベントを行ったり、スーパーの売り出しを行ってもらったりと、四日に四日市市に行けばおもしろいこと楽しいことが盛りだくさんで、得するため皆が四日市に行きたいと思えるような取組になればと考える。市民と市役所が一丸となって徹底的に四日にこだわり「本日四日市」の取組をスタートさせたいと考える。

3、サッカーどころ四日市（Jリーグのあるまち）

四日市は全国高校サッカー選手権大会優勝経験もある県立四日市中央工業高等学校はじめサッカーの強豪校が多くサッカーどころである。これまでも多くのJリーガーを輩出している。しかし残念ながら現在、四日市にJリーグチームはない。Jリーグは、1996年にJリーグ百年構想を打ち出し、地域密着の総合型地域スポーツクラブを育て、スポーツを通して世代間の交流を広め地域とともに成長していく理念を掲げている。これまでも企業チームではなく地域に支えられたクラブチームが各地に生まれてきている。現在Jリーグ空白県は三重県を含めて九県であるが、三重県では、ヴィアティン三重、鈴鹿アンリミテッド、FC伊勢志摩の三つのクラブチームがJリーグ入りを目指すと表明しており今後が期待される。

私は、2012年ヴィアティン三重（当時はヴィアティン桑名）が設立された時、後藤大介社長と出会い、本気で三重県からJリーグを目指すという熱い夢を聞かせていただき、意気投合して私も出来る限り協力したいと思い応援をしている。初めて後藤社長に会った時、お互いオレンジのボールペンを持っていて、ヴィアティンのチームカラーもオレンジ色であり、私の後援会のイメージカラーもオレンジ色であったことから何か因果を感じたことを鮮明に覚えている。その後、この立ち上がったばかりで知名度がほとんどないヴィアティンを多くの方に知ってもらい一緒に夢を見られる仲間たちを増やしたいとの思いから私は、ヴィアティン応援団のオレンジ会を立ち上げ活動を始めた。

　オレンジ会は異業種交流会のような形で、毎回、ゲストの話を聞くオレンジトークやヴィアティン選手と身近に触れ合ってもらう機会となっており、回を重ねるごとに参加者も増えヴィアティンの知名度も少しずつ上がってきている。これまで元サッカー日本代表斎藤秀俊氏や元サッカー日本女子代表の宮本ともみ氏、名古屋グランパスエイトで活躍された岡山哲也氏など

一流の方々にゲストとしてお越しいただき、地域にＪリーグチームがあることの素晴らしさを語っていただいている。

ここでサッカーの仕組みを説明すると、ヴィアティン三重は２０１２年チームが出来てまずは三重県リーグ三部からスタートした。毎年所属のリーグで優勝すると上のリーグに上がれる仕組みで、これまで、三重県リーグ三部から二部、一部、東海リーグ二部と順調に毎年昇格してきた。２０１６年のシーズンは東海リーグ一部で戦うことが決まっている。この東海リーグ一部で優勝し地域リーグの決勝トーナメントに勝ち上がるとＪＦＬに昇格することが出来る。そしてこのＪＦＬで上位の成績をおさめ入れ替え戦に勝つとＪ３に昇格することができる。このＪ３以上がいわゆるＪリーグと呼ばれている。このようにサッカーはすごく裾野の広いスポーツであり、Ｊ３までに上がるにはかなりハードルは高く毎年、勝ち続けなければならない。ＪＦＬからＪ３に上がるにはもちろんチームが勝って相応の成績をおさめることは当然であるが、他にスタジアム要件や平均観客動員数などクリアしなければならない課題が多くある。この毎年階段を上がっていかなければいけない仕組みは、強いチームを創ることだけでなく、地域とともに歩み、サポーター数やスタジアム建設など時間をかけて乗り越えていかなければいけない期間であるともいえる。

三重県にＪリーグチームが出来ることによって一流と触れる機会が広がりその効果

は計り知れない。私はヴィアティン三重の総合型地域スポーツクラブとしての理念に共感してＪリーグ入りの夢をともに追いかけていきたいと思っている。残念ながら三重県には現在Ｊリーグの公式戦が開催できる基準に合ったサッカー場は一つもない。ヴィアティン三重が今後、選手や関係者の努力で東海リーグ一部からＪＦＬ、Ｊ３と昇格していく中、オレンジ会の活動等でサポーターの数を増やしていくことはもちろんであるが、私は政治家としてこのスタジアム要件を解決できるホームタウンの整備をしていかなければいけないと考えている。

三重県は現在六年後の三重国体開催に向けて施設整備や選手育成に力を入れている。中央緑地公園と霞ヶ浦にある四日市市の保有するスポーツ施設については国体にむけて体育館や野球場、サッカー場、テニスコートなどが整備される方向で議論が進んでいる。私はこの機会にぜひ中央緑地公園の陸上競技場をＪリーグ基準を満たすものに整備すべきだと考える。スタジアムのＪリーグ基準は照明等の基準もあるが、大きいのは観客席の問題で、Ｊ３で五千席、Ｊ１で一万五千席以上の観客席を有する必要がある。私は少なくともＪ３基準を満たす整備が必要であると考える。

このスタジアムの整備は単なる陸上競技場の整備というだけではなく、Ｊリーグ百年構想にあるようにまちづくりであると考えるべきである。三重県にＪリーグチームができる時、ホームタウンとなる潜在力があるのは四日市市であり、中央緑地公園と最寄り駅の近鉄新正駅周辺を含めてヴィアティンタウンとして新たなまちづくりをしていきたいと考える。サッカー関係者だけの思いではなく、スポーツを通じてまちづくりをやる、サッカーを通じてまちづくりをやるとの信念が大事であると考える。そしてヴィアティン三重には、サッカーのみならず総合型地域スポーツクラブとして地域密着のチームを育て、市民に愛されるクラブに成長していってもらいたいと考える。

四日市市民、三重県民の誇りとなるJリーグチームをつくりたい。スポーツを通して地域が一体となるまちづくりをしたいと思う。

4、若者があふれるまち

このスポーツを通じたまちづくりは世代を超えておこなうものであると考える。家族で、あるいはおじいちゃん、おばあちゃんが孫と一緒にといった感じで、三世代一緒にスタジアムに行き、わがまちのチームを応援するといった風景が日常になるように取り組んでいきたい。一方人口減少化時代を迎え、四日市市の人口も減少していく中、特に若者が減っていくことはまちの活気や活力を失っていくことになる。若者にとって魅力あるまちにしていかなければいけないと考えるが、若者が定着するためには大前提は雇用があることが重要であり、雇用の安定が必要不可欠である。私は、産業都市四日市の雇用を守っていきたいと考える。そのためには、先に述べた航空宇宙産業などの新しい産業に力をいれることや、学ぶ場を確保することも重要であるが、中小企業や商店街など四日市市の基盤を支えている所にスポットライトを当ててかゆいところに手が届く支援をしていく必要がある。

最近四日市の商店街は、若者が新しい店をオープンすることも多く活気づいてきているように感じる。このような若者の挑戦が持続するような経営支援や情報交換ネットワークの構築などが重要であると考える。また飲食店のみならず他の分野の起業や挑戦、クリエイティブな活動が拡がっていくような支援ができる体制を整えていきたいと考える。

私は四日市ドームでフリーマーケットを始めたということを先に述べたが、四日市港は産業港ではあるが若者にとって非常に魅力的な場所であると思う。現在四日市港の夜景クルーズは大人気であるが、四日市港のロケーションを活かした映画のロケ地としての活用や、野外フェスのような大規模イベントなど若者が集まる魅力発信に更に力を入れていくべきであると考える。四日市ドームや四日市港は四日市の大きな財産であり、その活用方法はまだまだ大きな可能性を秘めていると考える。

若者の新しい発想や新しい挑戦を応援できる四日市でありたいと思う。

5、大学など学ぶ場の充実

現在、三重県の高校を卒業して大学等高等教育機関に進学する者のうち約八割は県外に出て行っている。残念ながら三重県内に高校を卒業してからの学ぶ場が少ないのが現状である。若い人材の流出を防ぐため、県としては四日市市内の工業高校に平成三十年度を目途に新しい専攻科を設置する方針を固めていることは先に述べたが、私は、四日市市内に立地する四日市大学と四日市看護大学といった私立大学の魅力を更に充実させるよう支援していく必要があると考える。私立大学はもちろん建学の精神のもと独自の教育を行うものであるが、国の私立大学改革の流れの中で、地方の私立大学の置かれた環境は非常に厳しいものがある。

私は四日市市内に大学があることの意義は非常に大きいと考え、いかに優秀な人材を集め、いかに充実した学びを提供できるかを大学と一緒に考え新しい形を検討していきたいと考える。

また新たな挑戦として大学誘致の取組も行っていくべきであると考える。既存の大学を誘致するとなると非常にハードルは高いが、充実した学びの機会を四日市市内にて提供できるようアンテナを高く張って取り組むべきと考える。特に県が積極的に企業の海外展開等を進め関係を深めている、台湾、タイなどの東南アジア諸国、インドなどの大学との関係強化をはかりながら誘致の取組を進めていきたいと考える。これまでも多くの留学生が中国や東南アジア諸国から四日市大学に来ているが、今後留学生との交流を更に強化して四日市市とそれぞれの国との関係強化に努める取り組みも必要であると考える。日本の少子化がますます進む中、四日市のことを深く理解し、また、四日市のことが大好きな若い世代の外国人との交流は非常に重要である。インバウンドの取組も重要ではあるが、それ以上に外国の（特にアジアの）若者が四日市で学ぶ機会をしっかり作っていくことが重要であると考える。そのため海外の大学誘致や留学生の交流強化をすすめていきたいと考える。

学ぶ場の多様化を進め、魅力を高めていくため知恵を絞り、四日市に行って勉強したい、四日市の大学に行きたいと思ってもらえるような取組をしていきたいと考える。

6、未来を担う子どもを育てる―子どもの貧困との闘い

日本の子どもの貧困率は16．3％となっており、更に一人親家庭に限ると五十四・三％で二世帯に一世帯以上の割合で子どもの貧困が生じており極めて厳しい状況である。また、三重県の調査によると母子世帯就労収入の六割以上が二百万円未満となっ

ており子どもの貧困状況は年々悪化している。豊かな先進国であった日本が、富裕国と貧困国、持てる者と持たざる者の二極化が進んでいるのが実態である。私は、限られた財源の中でまず何より未来を担う子どもたちへの投資を最優先にするべきと考える。

私自身も二人の子どもの子育て中であるが、同世代の親たちと話をしていると子どもも医療費の窓口無料をして欲しいとの声をよく聞かせていただく。現状の仕組みを簡単に書くと、子ども医療費は県の補助対象としては小学校卒業までは無料となっており、四日市市は独自に中学校卒業まで無料の制度を上乗せしている。また一人親家庭については高校卒業まで無料となっている。しかし償還払い制度のため、病院の受診の際には医療費を一旦支払って数か月後にその支払った医療費が戻ってくるという仕組みである。この一旦支払う仕組みから窓口で無料になるよう制度を変えて欲しいとの声が多い。私は新政みえの政策局長としてこの制度改革の調査を行ったところ、他県で窓口無料に制度改革した場合に安易な受診（いわゆるコンビニ受診）などが増え、医療費が1．2倍から1．3倍に増大するケースが見受けられた。また、窓口無料制度に変えた場合、国庫負担金の減額調整（いわゆる国保ペナルティー）がなされるため市が負担増となることが分かった。このような現状の中、2016年3月に新政みえとして「一人親家庭医療費補助金制度及び子ども医療費補助金制度の現物給付・窓

口無料化を求める申し入れ書」を知事に提出した。この中で、将来的には現行の子ども医療費については小学校卒業まで無料として、一人親家庭については高校卒業まで無料として、償還払い制度から現物給付・窓口無料に切り替えるものの、当面、国庫負担金の減額調整が廃止され、安易な受診（いわゆるコンビニ受診）による医療費増加が避けられるまでの間は、一部自己負担制度を導入するという案を提案した。この案では、子ども医療費については、現物給付・窓口無料化を導入し、五歳児年度末まで自己負担なしとし、それ以降小学校卒業までは、自己負担を一回上限千円、一か月上限二千円とする。また、一人親家庭については、同様に現物給付・窓口無料化を導入し、中学卒業まで自己負担なしとし、それ以降高校卒業までは、自己負担を一回上限五百円、一か月の上限千円とするものである。この私が新政みえでまとめた提案はとにかく償還払い制度から窓口無料制度へまず制度改正を行うもので制度改正に伴う行政の負担増については当面の間、自己負担をお願いするというものである。このように県が制度改正を行った場合、現在でも各市町

において上乗せ対応がされているように四日市市では、この自己負担分を市が負担し財源が許す限り対象年齢を拡大していくべきであると考える。県と連携しながら、子どもや一人親家庭の医療費窓口無料化を実現したいと考える。

この医療費窓口無料と同じく私が同世代の親からよく聞く要望の一つに中学校給食をやってほしいとの声がある。県内の中学校給食実施率は72．8％で未実施の市町は、四日市市、名張市、菰野町、朝日町、川越町となっている。四日市市は現在小学校については三十八校で自校調理方式の完全給食が実施されているが、中学校については、デリバリー給食方式となっており、デリバリー弁当か家庭弁当かを選ぶ仕組みになっている。このデリバリー弁当の注文率は30％程度と低いため給食実施自治体として四日市市は数えられていないのが現状である。私は女性の社会参画や子どもの貧困対策など様々な視点から中学校給食は実施すべきであると考える。このデリバリー方式の注文率が低い課題を調査して注文率が上がるよう改善していく取組は重要であると考えるが、小学校の給食室と連携して中学校給食を実施する方法を検討するなど中学校給食実施にむけての具体的な検討が必要であると考える。

私自身の子どもの頃や、小学校の息子を見ていても感じるが、小学校の行事等で年に何度か家庭弁当があったことは非常に楽しみでうれしかった記憶がある。この親の弁当のあたたかさといったことも大切であるため、小学校、中学校において給食の時間に家庭弁当のあたたかさなども感じることができる教育が出来ればと考える。また、県産材の使用や食育、予防医学など様々な観点から食の教育が給食を通じておこなえるようにしていきたいと考える。市内の中学校ごとに給食室をつくるといったことは財政的にも困難であるため、限られた財源の中でも知恵を絞り四日市市においても中学校給食が実施できるよう取り組んでいきたい。

7、地域医療・介護体制の充実

超高齢化時代に入り、四日市市においても高齢化率は年々上がってきている。2025年には団塊の世代が七十五歳以上となるため、現在の医療と介護の分野にある縦割りのハードルを取り払う取組が市には求められている。医療、介護、住まい、予防、生活支援が一体的に提供される地域包括ケアシステムの構築を実現しなければならない。四日市市はこれまで地域包括支援センターを北、中、南と市内に三か所設置をして全国に先駆けた取組を行っている。私はこれらの地域包括支援センターの機能を更に充実させ超高齢化時代を切り拓く四日市モデルを全国に発信していきたい。

この世に生を受けた人は必ず死ぬ。私たちはどのように生きるかを常に考えることをするがどのように死ぬかということについてはあまり真剣に考えていないように思う。人生の最期をどこで迎えるかということは重要なことであるが、最期は自宅でという希望の方が80％以上であるにも関わらず現状は80％以上の方が病院で亡くなっている。１９５０年代までは日本人の死に場所の80％以上は自宅であったが、国民皆保険制度ができて医療機関にかかることが容易になったこともあり、１９７６年に自宅死と病院死の割合が逆転して現在では80％以上の方が病院で亡くなっている。高齢化社会を迎え、病院のベッド数にも限りがあることから、これからは多くの方が望んでいる自宅で人生の最期を迎えられるようにしていきたいと思う。そのためには在宅医療の充実をはかり訪問看護ステーションの充実をはかる必要がある。

予防医療の充実をはかり、医療、介護等の連携により健康寿命を伸ばし高齢者が元気で活力ある社会をつくる一方、人間が必ず迎えることになる人生の最期をどこで迎えるかという望みがかなう四日市にしていきたいと思う。

また私のまわりにはがんと戦っている人、がんと共に生きている人が多くいる。その中でも多くの方は、愛知県のがんセンターや名古屋市内の大学病院等に通っている。専門的な知見、最先端の医療を求めてのことであろうと思う。日本人の二人に一人はがんになり、毎年亡くなる方の三人に一人はがんで亡くなるといわれている中、がん対策の強化は非常に重要であると考える。市立四日市病院と地方独立行政法人県立医療センター、四日市羽津医療センターなど高度医療を担える病院の連携強化をはかり、最先端の医療への挑戦とがん対策の強化をはかっていきたいと考える。

私は県議会議員として三重県南部や伊賀地域の地域医療が崩壊寸前の中、地域医療を守るための取組、医師不足、看護師不足の対策などに取り組んできた。野呂県政時代の県立病院改革では議会で喧々諤々の議論をして改革を行ってきた。県南部や伊賀地域と比較すると北勢地域の地域医療は関係者の努力で体制を維持していただいているが、依然として四日市を含めた地方の病院の経営環境は厳しい現状がある。四日市市と県が積極的に関わることが求められていると考える。民間との役割分担、連携強化等全力で取り組まなければいけない課題であると考える。

8、多様化した働き方への挑戦

四日市が更に活気づくための様々な思いを述べてきたが、教育を充実して若者が集まる魅力を創造して子育てしやすい環境をつくり、医療体制の充実を図ったとしても働く場所がなければ四日市に住み暮らしていくことは出来ない。四日市は産業都市であるためそれぞれの企業が発展していく中でしっかり雇用をしていただくことは非常に重要である。特に最近は非正規労働者の割合が増えてきていると言われている。正規で働きたいと思っている人がパートや派遣から正規労働者になれるよう取組まなければいけないと考える。

日本全体を見ると格差社会と言われる時代に入り、日本の強みであった分厚い中間層が社会の多くを占めた時代から持てる者と持てない者に二分された時代になりつつあるように感じる。正規労働者と非正規労働者の所得格差が広がり、親の所得によって子どもの教育にも差が出る時代になってきている。子どもの貧困率が高まりその貧困が連鎖する時代に入った。今政治に求められていることは日本の構造の変化を的確にとらえて実態をしっかりと受け止めることであると考える。四日市市としては小中学校での子どもの貧困状況を把握した後に具体的なその対応策を検討していかなければならない。そしてなにより雇用をしっかり確保することが重要であると考える。

また、働き方が多様化している中で、「半農半X」という働き方にも注目していきたいと考える。兼業農家という言葉があるが、私の家では父が会社勤めをしながら休みの日を使って米作りを行ってきた。父は会社を退職した後は農業をやっていて健康にも非常にいいのではと感じている。私の父の世代は、会社で働きながら田畑がある人は農業をして、あるいは紡績や裁縫などの家内工業的な内職をしたりとにかくよく働いた世代である。農業の担い手

が高齢化して田畑の維持管理が困難になり耕作放棄地が増えてきている中、私はこの農地を有効活用できる仕組みをつくり、農業をしながら会社勤めをする、あるいは会社勤めをしながら農業をするといったことを希望する方が担えるようにすべきと考える。

四日市市は臨海部の工業都市のイメージに加えて西部には広大な農地が広がっている。米や大豆はもちろんであるが、お茶やメロンに加えて最近ではトマトやイチゴの栽培も盛んである。私は「半農半X」という言葉のように半分農業をしたい人が集まってくるまちにして、四日市に来たら多様な働き方が可能だと言われるまちにしていきたい。正規で働く方も「半農半X」のような働き方の方も、自ら望んで派遣やパートで働く方も皆が人としてやりがいのある仕事ができる社会をつくるため全力を注ぎたいと考える。

9、国際都市四日市、共生社会の実現

三重県には伊勢神宮や鈴鹿サーキット、世界遺産熊野古道など全国的にも世界的に

も有名な観光スポットがあり、自然も豊かでおいしい食べ物が豊富である。県政としてはこのような恵まれた観光資源のおかげでこれまで観光政策にはあまり力を入れなくても賑わいをかもし出してきた。しかしながら観光産業に力を入れることによって更に三重県の魅力を発信できるのではいかとの考えから野呂県政時代に観光局という新しい部署を設置して県が初めて観光政策に積極的に取り組む体制が出来た。その後、鈴木県政となり、２０１３年４月〜２０１６年３月まで観光キャンペーン「実はそれ、ぜんぶ三重なんです！」を行っており、この間に二十年に一度行われる伊勢神宮の式年遷宮があったこともあり三重の観光産業は活性化し非常に多くの方が三重の地に足を運んでいただいている。

四日市市としては、現在工場の夜景クルーズの取組が人気のようであるが、宿場町の魅力や、久留倍遺跡、日本武尊伝説などいつでも観光資産になりうる資源が眠っている。また湯の山温泉を有する菰野町など近隣の市町と連携を強化するなどして三重県北勢地域の観光産業を活発化させる取組をスタートしたいと考える。ポスト伊勢志摩サミットを考えると「観光の産業化」は非常に大きなポイントである。特にこの取組を四日市を含んだ北勢地域で行うことが非常に大きな可能性を秘めていると考える。国は日本版ＤＭＯの取組を進めているが、ぜひ四日市が近隣の市町と連携してこの日本版ＤＭＯつくりを進めていくべきであると考える。県政の中に観光政策を位置づけてから観光を産業の視点でみるようになり本県の観光が飛躍的に伸びたように、四日市市政の中にも観光政策をしっかりと位置づけ腰を据えた取り組みが求められていると考える。

国では、2003年にビジット・ジャパン事業がスタートして十年が経ち日本への訪日外国人観光客数は2013年に初めて一千万人を超えた。その後も急速に伸びており2015年には二千万人に迫る勢いであり、訪日客の消費額は三兆四千億円を超えるといわれ非常に大きな経済効果を生み出している。本県でも年間の外国人延べ宿泊者数は十万人を超え順調に伸びている。今後の展開を考えると2016年5月26日、27日には伊勢志摩地域で先進主要国首脳会議（G7サミット）が開かれ世界中から三重県が注目されることになる。このチャンスを活かすための取組が重要である中、三重県としては現在MICE戦略を策定中であり、伊勢志摩サミット後にいかに多くの外国人の皆さんに三重の地に来ていただくか、あるいは国際会議や学会などの会議等を出来るだけ多く誘致していきたいとの戦略をつくっている。サミットは伊勢志摩地域で行われるが、私はサミット後の展開の舞台となるMICE戦略の中心は四日市市であると考える。姉妹提携を結んでいる中国天津市との交流や、国際環境技術移転センター（ICETT）を通じた国際協力事業の実績、国際港湾四日市港にて行われている海外との物流などこれまでの様々なノウハウを活かし、ポストサミットの取組を四日市市では積極的に行っていくべきと考える。

最近四日市でも多くの外国人観光客をみかけるようになった。先日私は鈴鹿山脈の御在所岳に雪山登山に行ったら、山頂には多くのアジアからの観光客と思われる方々がいて驚いた。四日市市として観光政策をつくっていく中で、インバウンド戦略も立てていく必要があり、サミット後の展開を狙った取組をしていかなければならないと考える。四日市にはもともと笹川地区を中心にブラジル等の日系人がたくさん暮らしていて多文化共生の取組が進んでいる。また四日市大学にはたくさんのアジアからの留学生が在学している。日本にはこれから更に急速に訪日外国人観光客が増え続けることが予想される中、国際都市四日市の魅力を発信する戦略をつくっていく必要があると考える。日本の良さ日本人の心を外国人に理解してもらい、外国の違った文化や習慣を受け入れることができる社会を目指したいと考える。

10、美しい環境を未来へ

私たちの先輩は非常に不幸な歴史として公害を経験した。私は大学時代に東京に四年間住んでいたが、「どこ出身？」と聞かれて「四日市」と答えると「公害のまちだね」と言われた。多くの市民は市外に出ると同様の経験をされているのではないだろうか。今では四日市の空はもちろん青く、自然も豊かで非常に良い環境であるが、このような反応が多いことは教科書等で学ぶ四日市ぜんそくのイメージが強烈であるからだろうと思う。過去の不幸な歴史を正しく学ぶことと共に先輩方の努力で公害を克服して美しい自然を取り戻し、美しいまちを作ってきた歴史も共に発信することに更に力を入れなければいけないと感じる。２０１５年３月に開館した四日市公害と環境未来館からの情報発信を強化し、外から四日市をみている多くの方のイメージとは一味違う四日市を体感いただけるよう取組んでいきたい。もちろん新たな公害や環境破壊を絶対に起こさせないことは当然のことである。四日市の美しい山、森、水などの自然環境を多様な生物が生きて行くことができる状態で次世代に引き継ぐことと、地域の里山を創造し身近に生物多様性を実感できる環境を守っていくことに力を入れていきたいと考える。

一方、公害についての考え方が硬直してはいけないと先日感じた。シティープロモーションの一環で大規模イベントを四日市ドームを使って企画頂いている方が、夜暗くなると危ないので霞ヶ浦公園内の木を少し切ってほしいとの相談を市役所にした時のことである。担当の職員からは、公害の経験からコンビナートと住民との間に緑地帯を設けておりそのために木が植えてあるため切ることは出来ないと言われたようである。公害を克服する経緯の中で植えられた木かもしれないが、今ではむしろコンビナートは「夜景クルーズ」等が人気であり住民から切り離すものではなく、住民から隠すものではなく、観てもらうものであり観光戦略のコンテンツにもなっているものである。この話を聞いて公害についての市役所職員の意識改革も必要だと感じている。

私は子どもを連れてよく霞ヶ浦緑地のゆめくじらや南部丘陵公園や垂坂公園、伊坂ダムなどへ行くが多くの市民でにぎわっている。このような施設は自然と触れ合う機会であり、子育ての憩いの場であり、高齢者の健康づくりの場であり、若者のトレーニングの場である。身近にこのような施設が充実していることも四日市の魅力のひとつであるため、三世代が集う場などとして更なる充実をはかり、また広報にも力を入れていきたい。

また、四日市は伊勢湾岸都市である。私は県議会で伊勢湾再生議員連盟の事務局長を務めており伊勢湾再生は私のライフワークの一つである。県や他の伊勢湾岸都市と連携を強化してさらに積極的に伊勢湾の浄化に取組み豊かな美しい海づくりを推進していきたい。

11、市民の命を守る

東日本大震災から五年が経ち被災地はまだ復興半ばである。今年は熊本でも大きな地震の被害が出ており今なお余震が続いている。悲しいことに日本は地震や風水害など自然災害が日常的に起こる国である。それらに対する備えや、災害時の対応、災害からの復興を考えると市役所の役割は非常に大きく特に首長のリーダーシップは重要である。熊本市の大西市長は災害時の対応の陣頭指揮の真っ只中であるが、彼は私が県議会初当選の時につくった全国青年都道府県議の会の仲間であった。全国青年都道府県議の会は十四年前に私が初当選した時、大学時代の仲間であった森山浩行君（前衆議院議員）も大阪府議会議員に初当選したため彼らと一緒に四十歳未満の党派を超えたネットワークを作ろうとの思いで設立した。今でもこの交流は続いており、四十歳を超えた私たちはシニアクラブを立ち上げて活動をしており大西熊本市長もそのメンバーである。彼は県議会議員としても尊敬できる非常に優秀な政治家であったため、今回の震災対応でSNSを使った的確な情報提供や市役所内の効果的な指示などの様子が報道を通じて伝わってくるのをみて私なり

に学ばせていただくと共に、災害時の首長の重要性をあらためて感じている。

本県においては、いつ南海トラフ大震災が来てもおかしくない。また四日市断層や養老断層などが市内を走っていることから今回の熊本地震のように断層型地震の可能性も四日市市は考えなければいけない。地震のみならず伊勢湾台風の例をみるまでもなく風水害被害にも襲われる。私は日ごろからの市民と市役所のコミュニケーションの充実と信頼関係の強化、そして何よりももっと強いリーダーシップが求められると考えている。より防災教育を充実させ、防災の日常化に取り組んでいきたい。

ハード面の整備としては、私が県の中で再三取り上げてきた北勢地域の広域防災拠点の整備が当初計画より約二年遅れで進められており、東名阪四日市東インター周辺に２０１７年度末に完成見込みである。これが完成すれば災害時の拠点となる。警察、消防との連携など様々なシュミレーションを考え大災害に備えたいと考える。

12、中核市移行を実現する

「四日市市は、平成十二年十一月地方自治法改正によって新たに創設された特例市に移行しました。その後、平成十七年二月の楠町との合併により人口が三十万人を超え、「中核市」の要件を満たすこととなりました。中核市への移行は、地方分権時代に相応しい、自主・自立した都市を築いていくチャンスであり、そのひとつのステップとして平成二十年四月には保健所政令市に移行しました。今後も、地方分権などの状況を踏まえながら、中核市移行に向けた準備を進めていきます。」と四日市市のホームページには書いてある。私は平成十七年の市町村合併議論の時、四日市JCのメンバーと共により広域な合併を実現して五十万都市を創り中核市に移行するよう取組んでいた。残念ながら合併は楠町のみとなったが、三十万都市となり中核市移行はすぐにでも実現し権限を持って市民のためのまちづくりを身近な四日市市でやっていくべきだと考えていた。

この四日市市のＨＰをご覧いただくとお分かりいただけると思うが、四日市市として中核市に移行する必要性を感じ、それを自立した都市を築くチャンスととらえながらこのスピード感のなさには非常に失望している。大矢知地区で全国最大規模の不法投棄事案が見つかった時には、この事案の解決がされるまで中核市になって廃棄物行政が県から市に移譲されるとこの責任を市がとらなければいけないため中核市移行を凍結するといった議論があった。私たちは四日市選出の県議会議員全員で知事に対してこの不法投棄事案の対応は県が責任を持つことを確認し四日市市の中核市移行の妨げにはならないとの確認を行い、何度もそのことを市に伝えたがいまだにこのことを理由に中核市移行を見送っているようなふしがある。

10年遅れたが、私はすぐにでも中核市に移行をして、より多くの権限と財源を移譲してもらい未来に向けた自立した四日市市を創っていくべきであると考えている。

第Ⅱ編　住民と政治

1、選挙の重要性

議会として会派として議員として様々な形で政治家は住民との関りを基本としているが、最初の住民との関りは選挙である。この選挙は民主主義の根幹であり最も重要である。

国政の課題に目を向けると、安全保障法制やＴＰＰ（環太平洋パートナーシップ協定）、原発再稼働、税と社会保障など国民の意見が二分する、あるいは多くの方が分からないと答える問題が山積みである。国論を二分する問題であっても政治は方向を決めていかなければいけない。国民一人ひとりが自分の思いや考えを訴えるためにはデモをすることなど様々な方法があるが、最も基本的な最も重要な行動は選挙に行くことである。国論を二分する課題はそれだけ問題が複雑で単なる賛成、反対だけでなく様々な論点が存在する。このような複雑な問題について、政治家一人ひとりの考えをしっかりと見極めて投票行動をおこす文化をつくっていく必要性を感じる。国政課題についてはメディアでの扱いも大きく新聞、テレビのニュースの情報でも選挙の際の多くの判断材料は出されている。

一方、地方行政はどうかと考えると、住民に身近な論点が多くあり様々な課題が山積である。これらの課題について政治家一人ひとりの考えをしっかりと見極めて投票行動をおこす必要がある。残念ながら国政課題に比べて地方行政課題のメディアでの扱いは小さく、また、地方行政や地方政治については事件や不祥事は大きく扱われるが、日ごろの市政課題や県政課題の扱いは非常に小さい。特に地方の報道関係者は事件担当のような感じが強く、重要な課題を客観的に的確に市民、県民に情報提供出来ていない。また地方議員の活躍はほとんど報道されることはないため有権者が選挙の時の判断する材料を提供しきれていない現状がある。

このようにどうしてもメディアは政治家個々の考えや行動を追いかけ報道することは限界があり出来ていないため一般の有権者から見たとき、個々の政治家の後援会に入っている方にはその政治家がしっかり活動していればその政治家の活動、考え方はちゃんと伝わるが、そうでない大多数の方は、「政治家は普段何をやっているのか良くわからない」「選挙でだれに入れても変わらない」「政治家の活動が見えないから投票に行かない」という方が多くいるのが現状である。

私は過去五回の三重県議会議員選挙を戦ったが、直近の２０１５年４月の県議会議員選挙四日市選挙区の投票率は48％で初めて50％を割った。選挙のたびにどんどん投票率は下がってきている。特に統一地方選挙からずれている（平成の大合併によって合併した市町村長、市町村議会議員の選挙は統一地方選挙からずれてしまっていることから、これを統一地方選挙に戻すことを国は早急にやるべきだと考える）選挙の投票率はひどいものであり、ほとんどが40％を大きく割り込んでいる。先ほど述べたようにメディアを通じて政治家個々の活動は伝わりにくいため、選挙の際に候補者が見えない、違いが判らない、誰に入れても変わらないといった考えから選挙に行かない人が多くいることと思う。

私は受け身の方々に一歩だけ踏み出してほしいと願っている。これだけインターネットが普及した時代に、ホームページやフェイスブック、ブログ、ツイッター、動画など様々な手段を駆使して情報発信や政策提言、活動報告をしている政治家（候補者）はたくさんいる。選挙の際に少しの時間、一歩だけ踏み出して候補者の名前をネット上で検索してみることはぜひやってほしいと願っている。もちろん様々な手法を使って情報発信していない政治家（候補者）は論外であるが、私の知る限り多くの政治家は普段の活動を結構こまめに情報発信し、議会での議論、自分の考え方を発信している。

インターネットの普及とともに有権者が政治家個々の活動を見ることが出来る時代

に入った。政治家は自分の考えを発信できる時代になった。「○○党だから」とか「○○組合だから」とか「勤めている会社が推しているから」とか「○○さんに頼まれたから」とか「地元が推薦しているから」などがこれまでの投票理由として多かったのではないかと考えるが、これからは、インターネットを通じて政治家個々を見極め投票する文化に変えていければと考える。不祥事や事件を起こす議員を選んだのも有権者であり、この国の未来、地域の未来を創る議員を選ぶのも有権者である。今まで選挙に行かなかった人たちが投票行動を起こすことで政治は確実に活性化する。政治家個々の活動をみて投票行動を起こすことで確実にいい政治家が育つ。私自身は政治家個人として選ばれる政治家になれるようこれからも「初心、継続。」で精進していきたい。選挙は本当に大切である。

2、議員と住民との関り

①私の姿勢

私自身がどのように住民に向き合っているかは、初挑戦の時の「県政と私たちとの距離を近づける」との思いを今も変わらず持ち続け実践している。議会での議論を多くの方々に知っていただくため、議会ごとに後援会報「Dream 21」を作成し配布をしている。配布の協力いただく方が徐々に増え印刷枚数も年々増えてきている。街頭演説はもちろんであるが、どうしても街頭演説では一方通行になるため、各地区をまわり座談会を開催している。この座談会は様々な意見をいただき、時には厳しい質問もあり政治家としてかなり鍛えられるものである。ちゃんと把握していなければ答えられないため勉強してのぞむことになる。この座談会での議論が議会での質疑に生きてくることになる。

また議員になって驚いたことの一つに、陳情や要望などの相談ごとが非常に多くあることである。就職や結婚など個人的な相談から、土木要望、自治会要望、各団体要望など様々な分野で相談をいただく。私は元銀行員だったこともあり会社の資金繰りや経理関係の相談をいただくことも多々ある。当選したばかりの頃は経験値が足りないため、この相談事はどこの誰に話をすればいいのかわからず戸惑う事も多くあった。

また要望案件が実現できないと「若いから役に立たない」「昔〇〇議員に頼んだ時は出来たのに・・・」と面と向かって言われたこともあった。私が心がけていることはとにかく要望や相談事についてはまずしっかり聴くこと、そしてすべてが実現できるわけではないので、出来ない場合でもその理由をしっかりとお伝えすること、このことは肝に命じてたくさんの要望や相談を聞かせて頂いている。聞かせて頂く中で感じることは、要望案件の多くは県ではなく市政課題であることが多い、おそらく8割くらいは市役所で対応いただくものである。住民から見た時にどの道が県道でどの道が市道であるかは重要ではなく身近に感じている議員に要望すると考えると市政、県政関係なくこれらの要望や相談事の対応も議員活動の重要な部分であると考える。

私が力を入れ始めていることは、座談会や会報配布などの活動に加えてインターネット上での情報発信、情報交流である。ホームページを使っての情報発信はもちろんであるが、ブログやフェイスブック、メルマガでは出来るだけ情報発信をするよう心掛けている。特にSNSは双方向のため様々な意見交換が可能である。私はメール等でいただく声にもすべて返事を書くことにしている。面と向かって言うのと違い言いやすいのかメールは結構感情的なものや厳しい声も多くあるが出来る限り真摯に対応するようにしている。

これら議員としての活動に加えて、議員という立場ではなく様々な活動をするようにしている。例えば三重県にJリーグチームを誕生させるため頑張っているヴィアティン三重を応援する活動や地元の素晴らしい山々鈴鹿セブンマウンテンを楽しむための登山の会などである。議員としてではなく参加して様々な話を聞かせていただくことも貴重で、人との出会いは自分自身の成長につながり様々な経験が議員としての活動に生きているように感じる。このような住民との関りを大切にしていきたい。

②三重県議会の姿勢

三重県議会はすべての会議を公開しているためどの会議も県民に傍聴いただくことができる。また本会議の一般質問は三重テレビで生中継とインターネットで動画配信しており、委員会もまたインターネットで動画配信している。このように開かれた議会に努めているがこちらから積極的に出て行って住民の声を聞かせて頂くことを議会として行わなければいけないということで私が初当選した時は広報会議と言っていた会議が現在は広聴広報会議という名称に変わっている。この広聴広報会議は副議長を

座長として各会派からメンバーを出して構成されており、年四回発行している県議会だよりの編集や年四回新聞折り込みで発行している県議会新聞の編集を行い発行している。また「現場de県議会」を企画しており、広聴広報会議のメンバーが様々な団体や、小中高校に出向いて直接県政報告をしたり、声を聞かせて頂くという活動を継続して行っている。特にこの小中高校での「現場de県議会」は重要な取組だと考える。議員の話を直接聞いたり、議員に直接考えを伝えたりする経験は児童、生徒にとって大切な経験になっていると思う。

各委員会においては、議案の審議や所管事項の調査の中で、有識者や当事者団体の声を直接聞く機会を増やそうとの考えから参考人招致を行っている。おそらく全国の自治体議会の中でこの参考人招致の数は三重県議会が断トツ多いのではないかと思う。

議会には住民から直接請願や陳情を提出することが出来る。請願については紹介議員が二名以上必要となっており、提出された請願は議案として委員会で審議し採決をする。三重県議会では、この請願について提出者の思いを出来るだけ聞き取りたいとの考えから請願提出期限の前に各派の政策担当者会議を開き、その議会に提出を予定している請願者にお越しいただき直接聞き取り質疑を行う機会を設けている。

このように三重県議会では議会改革の中で住民の思いを出来るだけ聞き取ることに力を入れてきておりまた分権時代を先導する開かれた議会として取り組んできている。

③インターネットでの関わり

私は三十歳で初当選し現在四十四歳である。政治の世界には選挙で選ばれるため定年制はなく六十代、七十代の方々が現役で頑張っている。三十代、四十代は世間では中堅どころであるが政治の世界では若手である。私は若ければ良いというつもりはないが、政治の世界ももう少し若い人が挑戦し当選できるように変わっていく必要があるように感じている。子育て施策や教育や未来のビジョンなどを議論するにはやはり六十代、七十代の議員たちで決めるのではなくそれぞれの世代の議員が議論できることが望ましいと考える。政治家は常に時代の変化に敏感であり、対応できることが求められると考える。

インターネットがこれだけ普及した時代、インターネットで多くの情報を入手することが可能になっている。三重県議会では会派の控室に一人一台パソコンが支給されているが未だに一度もそのパソコンを開けたことがないという議員もいる。私の後援会の中でも年配の方々からは、インターネットは分からないので、メルマガやブログは見られないとの声もあり紙ベースの会報を定期的に配っている。インターネットが出来る方ばかりではないのでインターネットが出来ない住民の方々向けの対応を政治家は行う必要はあるが、政治家自らは年齢関係なく今の時代、インターネットを使えるようになるべきであると考える。その時代の変化に対応できなくなった政治家は身を引くべきだと考える。

選挙の時に、有権者の皆さんに一歩踏み出し、少なくともインターネット上で候補者の名前を検索して候補者の人物、考え方をみて投票行動を起こしてほしいと書いた。このインターネットの普及で最近私が感じていることは、私より若いインターネット世代は、新聞やテレビのニュースの情報ではなくインターネットのみで情報収集している方が多いということである。インターネットは多くの情報がある一方、自分に都合のいい情報のみを集めてしまう傾向になりがちである。新聞やニュースの情報は間違いであったり、意図的に歪められていて、インターネット上で自分が入手した情報が真実であると勘違いしている人が増えている。様々な陰謀で世の中が動いていて自分は真実を知っていると勘違いしている人が増えている。ネット右翼やネット左翼と言われることもあるが、極端な意見や考えは気持ちよく、対峙するものを批判することを爽快に感じる人が増えている。同世代や若い世代と居酒屋談義をしていると新聞やニュース、政治家の言うことは嘘で、インターネットで自分が入手した情報が正しいといった主張をする人に危機感を感じる。フェイスブックで自分自身は正しいと信じて非常に偏った考えを書き込み、そのようなリンクばかり配信している人に不安を感じる。最近学ぶことをせずバランス感覚の悪い政治家が増えてきていると感じるが、政治家のみならず、社会でバランス感覚の悪い人が増えてきているように感じる。

このようにインターネットやSNSが普及してきた中、政治家の情報発信を批判的、否定的に捉えるのではなく、また自分の好む情報だけに偏ることなくじっくり見て政治家同士の比較につなげてほしいと思う。現実社会とインターネットの中の社会があるが、現実社会の中で地に足付けて、真実を見極め、インターネットの中の社会で様々な情報を入手しバランス感覚を大切にしていく必要性を感じる。このことは政治家はもちろんだが、住民一人ひとりが意識をしないと政治が歪んでいくように感じる。少しの歪みが取り返しがつかないことにならないようにしなければいけないと感じている。

④今、地方に真のリーダーを

私は県会議員になってからつくづく感じていることであるが、県庁の職員は優秀であるということである。また四日市市の職員や国の各省の職員との関りも多いが同様に優秀な方ばかりである。明確な目標やビジョンを持って優秀な職員が仕事をした時に素晴らしい仕事をすることを何度も見せていただいた。一方私の関わりの中ではごく一部ではあるが、無気力なぬるま湯の方向に組織が動き出すと悪化が良貨を駆逐するようになり、そこから組織を立て直すには時間がかかってしまう。

私は歴史好きであり特に幕末から明治維新にかけての時代が好きであるが、江戸幕府や藩というのはそれぞれが非常に優秀な官僚機構であったと考える。その官僚機構が無気力なぬるま湯につかり外的な変化や時代のスピードに対応できなくなった時、明治維新がおこり新しい政治体制が出来上がった。しかしその出来上がった体制もやはり優秀な官僚機構であったことは江戸時代と変わらない。優秀な人材が集まった組織でも必ず腐敗し、事なかれ主義に陥ってしまうため時代と共に新しいリーダーや新しいビジョンや目標や夢が示されながら改革を進めていかなければいけないということであり、明治維新というのはその大きな出来事であったと考える。この国家的な大きな話ではなく、私が関わっている三重県政の近年の流れをみても、１９９５年に北川正恭知事が誕生してこれまでの県庁の体質を大きく改革し、県庁の雰囲気を大きく変えた。その後野呂県政八年間はどちらかというと落ち着いた時期であり、北川改革の負の部分の清算に追われた時期であったと考える。そして２０１１年鈴木英敬知事が登場すると職員のモチベーションは高まり、県民からみても県民や全国に県庁の躍動感が伝わるようになったと感じる。私は、優秀な職員がその能力、やりがいを持って発揮するにはリーダーの存在が重要であり、少なくとも私がいままで見てきた首長の中で今の鈴木知事は異次元の存在感があり、強い勢いを感じる。地方分権、地域主権、地方創生の時代に首長のリーダーシップは非常に重要であり四日市市においてもそのようなリーダーシップが求められているように感じる。

地方分権、地域主権、地方創生ということを考えると私は江戸時代の幕藩体制から学ぶものは非常に多いと考える。江戸幕府への中央集権体制ではなく各藩が独立して藩政を行い独自のまちづくりや政を行っていた。明治時代に入り藩がなくなり地方には官制知事が派遣され中央集権体制が固まってきた。その後、民選知事に代わってもこの中央集権体制は変わることはなかった。２０００年の地方分権一括法以来、国と地方の関係は対等であると言われるようになり、地方分権や地域主権、地方創生と様々な言葉が踊り地方の時代が強調されても大きく仕組みが変わることがないのは明治時代から蓄積されてきたこの中央集権は非常に強固であり岩盤であるということである。この岩盤を突破できない理由の一つは、中央の立場の職員は自分の権限をそう簡単に手放さないということであるが、もう一方では、地方の立場の職員が独自に自分たちで政策をやろうという気概に欠けることである。県庁や市役所の職員の体質として、新しい取組を県でやろうと提案した時に国のガイドラインがまだ出来ていないとか、古い通達を持ち出してきて出来ないということが見受けられる。市の場合は県がどう考えているかを確認してからといったことをいう場合がある。私は法律で決まっていることは当然国の指示に従い法に基づいて業務を遂行しなければいけないと考えるがそれ以外の新しい挑戦はむしろ地方から積極的に行うべきであると考える。新しい挑戦をやれば当然失敗もあるが、そのことを受け止められる首長が求められていると考える。「うまいことやっといて」といった指示を職員に出すリーダーでは地方の時代は夢のまた夢である。

江戸時代にそれぞれの藩が独自のまちづくりをおこなったことにより各地方に特産品が生まれ、それが今日でも地方の繁栄につながっていることを考えると幕藩体制から学び気概を持って地方のまちづくりを行いそれぞれの特徴を大切にする取組を始めていくべきであると考える。いろいろな市にお邪魔する機会があるが、駅前降りた景色はほとんど変わり映えがしないのが現在である。地方分権や地方創生の行きつくところは駅前の景色もまちによって特徴があり、それぞれの魅力が感じられるようになることかと思う。長年の体質の積み重ねを超えて、地方の優秀な職員と共に地方の未来を語り一緒にまちづくりを行うリーダーが必要である。

第Ⅲ編　県議会での取組みと気づき

　私が行った過去十五回の一般質問の項目をあらためて見てみると、四日市市のある北勢地域の産業政策や四日市港の発展について様々な提案や質問をする機会が多かったことに気付く。また２００５年に四日市市にて全国最大規模の不法投棄の問題が発覚したことから廃棄物行政について何度か取り上げこの問題解決のため全力を尽くしてきたことが見て取れる。防犯活動では、四日市市の別山団地で青色回転灯をつけた住民パトロールの取組がスタートしたが、国土交通省の省令違反と指摘されたことからその対応や自主防犯活動の取組について一般質問で取り上げ国土交通省の省令改正まで持っていくことができた。今では青色回転灯は自主防犯活動のシンボルとなり四日市発の青色回転灯は全国に広がっている。私の政治活動の基本は二十年後、三十年後の未来のために世代責任を果たすというものであることから、質問項目を見ると、やはり教育や子育てなどの質問が多くなっている。いじめ対策や学校裏サイト対策についても積極的に取り組んできた。２０１１年の東日本大震災まで防災対策について取り上げたことはなかったが、東日本大震災以降は、コンビナート防災や南海トラフ巨大地震への備え、備蓄の推進など防災関係の質問が多くなっている。あらためてこれまでの一般質問の議事録を読み返してみると、私の提案や問題提起について県執行部が真摯に向き合い対応してきてくれており、県政の重要な方向性を決める議論になっている。

1、私の一般質問をふり返る

私がこれまで行った15回の一般質問の項目は次のとおりである。年一回のこの一般質問をできるだけ中身の濃いものにするため、日々の調査活動の積み重ねが大切であり、毎回、思いを込めて質問つくりをしている。

今振り返ると汗顔ものの質問もあったが、印象に残る質問を議事録から抜き出して、私が三重県の政治になにを吹き込みたかったのか、四日市の未来をどのように描き、提案をしているのかぜひ、お伝えしたい。興味のある項目だけ読んで頂いて、こんなやりとりを議場でしている私を想像していただければ幸いである。

■一回目一般質問（2003年9月26日）

1、四日市港について

①　四日市港管理組合の組織・運営について

② 四日市港管理組合の県と四日市市の負担割合の根拠について
③ 県として四日市港の将来について積極的に関わっていく必要性について

2、県内分権の考え方について
① 県内に中核市が誕生した場合どれくらいの権限移譲を考えているか
② 権限移譲を行うため市町村との調整のための体制について
③ 財源移譲、職員の身分移管についての県の考え方について

3、公の施設の管理運営について
① 「管理委託制度」から「指定管理制度」への本県の考え方と今後の予定
② 「指定管理者制度」導入による外郭団体の見直しについて

4、三重県安全安心まちづくり協働推進条例について
① 本条例制定のための具体的プロセスと中身について

初めての一般質問に、最初は緊張で身体はこわばっていた。頭もなかなか回転しない。〝焦るな〟〝落ち着け〟。自分で自分に言い聞かせても、自分の身体が、自分のものではなかった。しかし、はじめるしかないと声をあげたことを今でも鮮明に思い出す。

三重県議会には、いわゆる〝ひな壇〟といわれる席に、知事以下、県の幹部職員が、議員からみて左側に座り、真ん中に議長席、そして右側に、教育委員会委員長や公安委員会委員長、そして教育長や県警本部長が、ずらりと座っていた。そして、この執行部と対峙する形で演壇があり、ここに、若干31歳の私が登り、全職員の顔を見ながら、県政の追求をしていくのである。「三重の名の発祥の地であります三重県三重郡三重村からやって参りました、四日市選挙区、新政みえの稲垣昭義と申します。本日ははじめて壇上から質問させていただきます」。

質問をはじめると、手足の震えはとまり冷静になってきた。いよいよ、質問に突入した。

「まず四日市港についてですが、四日市港管理組合の組織につきましては、われわれ県民にとって非常に分かりにくい形になっているのではないかと思います・・・」。

要するに、最高責任者（管理者）が県知事と四日市市長で2年毎に交代になる。しかも、知事選挙、市長選挙があるので、実際の最高責任者になる人物は、ころころ変わっている。その上、職員の多くは三重県と四日市市の出向職員である。プロパーの職員が非常に少ない。このため、職員たちもころころ変わるが、これは、無責任体制というべきではないかというのが、私の疑問であり、考えであった。こうした状況を表を使って示しながら、わたしは、次のように追求した。

「四日市港の将来を考えたとき、管理者がころころ変わることは非常に無責任な状態をもたらしているのではないかと考えます。迅速な対応ができる組織にしていくためにも、この2交代制の見直しを諮っていただきたいと考えますが、いかがでしょうか」。

「もうひとつ、職員の8割以上が県、市からの出向者であり、数年で交代している現状をみますと、これもまた同様に、非常に無責任な体制であると考えます。一貫した業務や民間の経営的発想が求められるなかで県や市にお伺いを立てて仕事をするのではなく、港のことを考えて仕事ができる専門多岐なスタッフの採用をますます増やしていく必要があると考えますが、いかがでしょうか」。

やはり私も四日市の人間だった。どうしても、四日市関連の県政が気になって仕方がなかったのである。これに対する知事や県職員の答弁は、無難な答弁であったが、ともかく、四日市港は三重県にとって非常に重要な港だと認識しているという答弁を引き出した。

こうした形で、この質問からはじめて、県内での分権のあり方、公の施設の民間委託のあり方などの質問をし、最後に、次のように、質問を終えた。

「二十年、三十年先のこの県のあり方をしっかりと考えながら、新しい世代のために世代責任が果たせられるように、一生懸命勉強させていただき、これからも議論させていただきたいと思っております、新しい三重県のために、ともに頑張らせていただくことをお誓いし、質問を終わらせていただきます」。

ちょうど1時間、経過していた。議員としての一般質問のつとめを、何とか、無事に果たせたとほっとしたが、この最後に、話したことは、今でも、私の姿勢の基本となるものである。

ちなみにこの質問から6年後、私は四日市港管理組合議会の議長をつとめることになった。この6年間で四日市港管理組合は知事が管理者、四日市市長が副管理者という体制に改革され、私が無責任な体制と指摘した部分は改善された。またプロパー職員の採用も年々増やす努力がなされ私の初陣の一般質問の指摘に対して真摯に取り組んでいる現状を確認することができた。

■二回目一般質問（2004年3月4日）

1、地域の再生、具体的な地域活性化策として観光医療産業についての提案

2、児童、生徒の放課後の居場所について

3、犯罪のない安全で安心な三重のまちづくり条例について

今議会に上程されております、犯罪のない安全で安心な三重のまちづくり条例――についてお伺いをいたします。9月議会でも、この場所で、取り組み状況や条例制定後の推進体制について、私の方からここで議論をさせていただきました。その後、関係者の御努力により、県内でもモデル的な防犯活動を行う地域が増えてまいりました。具体的には、四日市の別山団地や、あるいは富田地区、鈴鹿市の石薬師地域、名張市の桔梗が丘、桑名市の新西方5丁目など、地域住民が自主的に防犯パトロールを実施しております。

条例制定後、これらのモデル的な取り組みを県内各地に広げていくことになるかと思いますが、その中で、野呂知事が提唱されております新しい公の議論にもなろうかと思いますが、パトロールといいますのは、そもそも、これまでは警察の役割でした。その警察の役割の部分に地域住民が入ってくることによって、今まで想定外であった問題や、あるいは規制、そういった壁にぶつかることがあろうかと思います。新しい公を担う者として、県や警察は、さまざまな障害をともに乗り越えていくための力強いバックアップをお願いしたいと思います。まず、この点につきまして、基本的な考え方といいますのを、いつも答弁時間が短く、はしょって答えていただいております警察本部長の方に、たっぷり時間を使って考え方を御答弁いただきたいと思いますので、よろしくお願いいたします。

〔警察本部長　飯島　久司君登壇〕

◎警察本部長（飯島久司君）　お答えいたします。大変温かい御配慮をいただきまして、ありがとうございます。

民間の方々によりますパトロール活動につきましては、ひったくりですとか、車上ねらいですとか、県民の皆様の本当に身近な犯罪が多発している現状におきましては、また、私どもの警察力がなかなか足らないという状況において、大変心強くありがたいことだと思っているところであります。

私ども警察といたしましては、地域住民の方々がパトロール活動を実施するに当たりまして、必要な助言ですとか、何か御指導ができることがあれば、それを行ってまいりたいと考えておりますし、必要によりまして一緒にパトロールをさせていただきたいと考えておりまして、そして、安全で安心な地域社会の実現に向けて、ともに努めてまいる所存でございます。

それから、何か問題がということの御心配でございますが、今申し上げましたとおり、私どもともに努めてまいる所存でございますので、地域住民の方々とともにその解決に向けて、私どもも精いっぱい取り組みをさせていただきます。

以上でございます。

〔1番　稲垣　昭義君登壇〕

御答弁ありがとうございます。地域住民と一緒になってというようなスタンスでということなんですけれども、実際、これまで警察だけでやっていたことに、地域の住民がボランティアで参画してくることとなりますと、どちらかというと、自分たちだけで完結する方がやっぱり楽な部分もあろうかと思います。不快になることもあるかと思うんですが、そこを新しい公の担い手としてしっかりと支えていただきたいなと思いますし、あと、重点プログラムの方でも位置づけされておりますように、この警察の方で街頭パトロールというのを、ずっと緊急雇用対策も含めて実施されております。民間の警備会社へ委託をして、こういったこともやられておりますので、そういった地域住民の方とか、あるいは民間の企業の方に委託をしてやっている部分と、あるいは警察が本来これまでやってきた部分、そういったものをしっかりと連携をとる体制を、どちらかというと、例えば、警察と警備会社との連携はとれる、あるいは警察と地域住民との連携はとれる。でも、実際そのパトロールを一緒に担ってくれている地域住民とパトロール会社、民間企業、ここの連携というのはなかなかとりにくいところが出てこようかと思います。もちろん、警察との連携はそれぞれとっていただきたいんですが、その横の連携も、現場のそれぞれの課題を共有できるという問題も出てこようかと思いますので、そういった体制も含めて、ぜひ警察の方が主導的にやっていただきたいなということを思います。

〈1番　稲垣　昭義君登壇〉

前略

それから、最後、三つ目には、地域において、先ほど御紹介させていただきましたような自主パトロールなどのそういった動きが広がってきますと、住民と警察との距離をもっともっとやっぱり近づけていかなければいけないんじゃないか、そういう活動をされている方らとの距離がもっと近づかなければならない。そのためには、ぜひ県内の18の警察署の方で、フリーダイヤル、０１２０の回線を設置いただきたいなということを御提案させていただきたいなと思います。

当然１１０番というのはあるんですが、なかなか１１０番というのは距離があって、気軽にかけるというようなものではないように思います。例えば、地域住民の方らが自主的にパトロールをして、それで、不審車両を見つけて、でも、それが不審車両かどうか自信がないときには、いきなり１１０番にかけるのにはちょっと抵抗がある。そういうときには、そのフリーダイヤルで気軽にかけて、情報を共有できるような、そういった体制がとれないものかなということを思いまして、ぜひともそういう住民からの情報提供という意味でも有効だと考えますので、そういったフリーダイヤルの設置を御検討いただきたいなと思います。

以上3点、安全で安心な町をつくるための具体的な提案として私の方からさせていただきますので、警察本部長の方からぜひとも前向きな御回答をお願いしたいと思います。

〔警察本部長　飯島　久司君登壇〕

中略

1番（稲垣昭義君）　前向きに検討いただけるという御答弁の方、本当にありがとうございます。

一つ目の防犯ギャザリングあるいは防

犯訓練といった考え方につきましても、すぐにこれを実施というのでもなく、警察の方でこれまで防犯教室とか、本当に積極的に取り組まれていることをますます地域住民の方と一緒になってそれを広げていくといったことも一つの重要な方法だと思いますので、ぜひともそういったものを広げていっていただきたいなと思います。

　それから、防犯コーディネーターのようなものということにつきましては、もちろん防犯協会の役員さんが中心になってやっていただくということなんですが、できれば、今、自主的なパトロールをしたりとか、本当に地域住民で活動している方らが、いろんな民間のアイデアも活用しながらやられております。その方たちはもちろんプロではないと思うんですが、ぜひともそういう人らも入ってでもらって、協議会のようなものになるのか何かわかりませんが、そこでコーディネーターを育成していくと。そのコーディネーターは、OBの方とか防犯協会の役員というだけじゃなしに、民間の方もぜひとも入ってきていただきたいなというふうに思います。

■三回目一般質問（2004年9月30日）

1、新しい時代の公について

2、広報力強化に向けた戦略的取組について

3、三重県独自の歳入を確保する方法について
4、四日市港について
5、都道府県合併について

前略

3月議会にて議論をいたしました、青色回転灯をつけた住民による防犯パトロールにつきまして、国の省令の壁にぶつかり、地域の住民が困惑をしているといった中で、県として、住民と一緒になって、時代に合わない古い制度を改正していくことこそが新しい時代の公なのではないかといった提案をさせていただきました。

知事におかれましては、早速御理解をいただき、国に対して2度にわたる要望を出していただき、着脱式の回転灯の使用ができるよう省令改正の運びとなりましたことにまず感謝を申し上げますとともに、また、新しい時代の公の実践例として高く評価させていただきます。

今後、三重県発祥の青色回転灯が住民の防犯活動のシンボル的なものとして全国に広がり、住民自らが自らの町を自らで守るといった文化が根づき、治安の回復が進むことを大きく期待しております。

中略

四日市港についてお尋ねをさせていただきます。

今議会で藤田議員の方からも議論がされ、また、私も、1年前に一般質問の機会に四日市港についてここで議論をさせていただきました。その際、三重県の経済活動の約1割に貢献をしている四日市港は、決して四日市市のための港ではなく、三重県全体にとって大切な港であるということを議論させていただきました。

また、三重県の地方分権推進方針にありますように、補完性の原理にのっとりますと、地域産業政策や、あるいは雇用政策については、県が積極的に責任を果たしていく領域であるという考え方から、四日市港に関してはまさに県が積極的に関与しなければならない部分であるということをお示しいたしました。

あれから1年、四日市港のあり方検討会の結論も出て、現在、県と四日市市との負担割合の問題や管理者の問題等具体的な協議に入っていると聞いております。

しかし、四日市港が名古屋港とともにスーパー中枢港湾の指定を受けたことから、県と市の役割分担等の議論をしている次元ではもはやないのかなと。早急にそれについては結論を出して、県主導の体制をつくって、名古屋港とさらなる連携を深め、国際競争に打ち勝つ、日本を代表する港としての取組が急務であると考えます。

今回のスーパー中枢港湾の指定は、四日市港にとりましては、言葉は悪いですが、非常にラッキーなものであります。指定を受けた四日市以外の5港につきましては、規模が四日市港に比べて全然違い過ぎます。国の補助メニューを見てみましても、高規格コンテナターミナルについているものがほとんどであり、伊勢湾では、その高規格コンテナターミナルは名古屋港の飛島につくるため、四日市港は直接のメリットが薄いのが現状です。四日市港がスーパー中枢港湾に指定されたことは、大きなチャンスをもらったことには変わりませんが、むしろこれからの企画力が問われていると考えるべきだと思います。２０１０年までのコンテナ取扱量の目標達成や、港のコスト削減、あるいは24時間対応の実現など、それぞれの諸課題への取組はもちろんですが、それ以外の付加価値をどれだけつけていくことができるかというのが重要であると考えます。

四日市港を取り巻く環境が大きく変化する中で、県庁内で四日市港に関する企画力やビジョンを議論する体制をつくり、県が主導的役割を果たすことが必要であると望みますが、御所見をお聞かせください。

また、四日市が構造改革特区に指定をされる際、県と市と管理組合でつくる四日市臨海部工業地帯再生プログラム検討会というのをつくっておりまして、その中でそれぞれの産業部局の連携が図られ、現在もこのプログラム検討会は機能しているというふうに聞いています。

例えば、今後、県と市と管理組合と、四日市港に関しましては民間の担う役割が非常に大きい部分もありますので、民間の港湾関係各社が一緒に議論をする、例えばスーパー中枢港湾育成プログラム検討会のようなものを設置する必要があると考えますが、御所見をお聞かせください。

〔総合企画局長　村林　守君登壇〕

◎総合企画局長（村林守君）　四日市港につきましての御質問にお答えしたいと思います。

四日市港は、御所見にもありましたとおり、平成16年3月に、名古屋港との連名で、伊勢湾としてスーパー中枢港湾の指定を受けるための計画であります育成プログラムというものを国土交通省に提出しまして、この7月23日に国土交通大臣からの指定を受けたところでございます。

その指定を受けまして、四日市港としましては、この育成プログラムに盛り込んだコストの削減とかサービスの向上などの施策の実現に向けて官民一体となって積極的に取組を進めるということが必要になっております。

このような施策を企画実施していくことにつきましては、基本的には、一部事務組合であります四日市港管理組合が主体的に取り組んでいくべきものでありまして、現在も努力していただいておりま す。

一方、四日市港がスーパー中枢港湾の指定を受けたということは、御所見にもありましたとおり、県政にとって非常に重要な事柄であると認識をしておりますので、それを生かすためには、四日市港を総合交通体系の一つのとらえまして、陸海空の有機的な連携によって、背後圏における産業振興策との総合的な取組が必要だと考えております。

そのためには、それらを所管するそれぞれの部局とよく連携をとりながら、あるいは四日市港管理組合とも連携をとりながら進めるということは重要だと認識しておりますので、そういった連携をうまく進めるように、四日市港との総合調整を図る窓口としての総合企画局として今後とも努力していこうと、そのように考えております。

それから、もう1点、スーパー中枢港湾を進めるため、この育成プログラムを進めるために、官民挙げての検討会をつくってはどうかという御提案がございました。

これにつきましても、基本的には、スーパー中枢港湾の育成プログラムを進める上で四日市港管理組合の方が検討していくということになると思いますが、進め方については検討していくということになると思いますので、ちょっと私の方からそれについてここで御答弁するというのは適当でないと思いますが、その進め方について、県としても必要な支援をしていきたいと、そのように考えております。

以上でございます。

〔3番　稲垣　昭義君登壇〕

◆3番（稲垣昭義君）　先ほどの御答弁を聞かせていただきまして、県にとってはもちろん重要な港であるという認識は持ちつつも、もちろんその主体は管理組合であるため、県がどこまで関与していいのかどうか、非常に困惑しながら答弁をしているというような印象を受けます。

そしてまた、これまでもそういう議論だったのかなということを感じております。

先ほど、例えば総合企画局長が御答弁をされた中で、四日市港というものに対して総合調整機能を図る総合企画局が担当して、なんていうフレーズが入っているんですよね。これまで四日市港というのは、四日市港管理組合があって、四日市市があり、また、県がありますので、調整をする機能でよかったのかなと。それを調整する機能で、総合企画局に、たしか特定政策室でしたかね、何か四日市港という名前ももちろんついていない、四日市港の部署なんてないんですよね、県の中には。その中で調整をする機能でよかったのかな。そういうことをやってきたのが今までだったと思います。しかし、先ほども申しましたように、スーパー中枢港湾の指定ということもあります。日本を代表する六つの港のうちの一つであります。県はそこへ積極的にかかわらなければいけないと。藤田議員の答弁のときにも、野呂知事はそういうような重要な認識を示されておりました。

そんな中で、じゃ、調整機能だけでもういいのかなということは非常に疑問に思っております。できれば、例えば経済活動、三重県の経済を支える上で非常に重要な港でありますので、県の組織の中においても、例えば産業部局の中に四日市港の担当の部署を設けるだとか、そういったことが必要なんじゃないかなということを思っております。

例えば、農水商工さんのところの企業立地とか、そういうようなところを一緒にやるなんていうのは非常に有効な手だてだと思うんですが、これにつきまして御回答は、知事、お願いします。

◎知事（野呂昭彦君）　昨日も、実はスーパー中枢港の式典が夜あったんでありますけど、ああいった災害が発生をいたしましたので、私としては出席を見合わせたところでございました。しかし、実は、このスーパー中枢港湾の話が出てまいりましたときに、議員御指摘がありましたように、四日市港の場合にはラッキーな面もあったと、こういう御指摘ですが、他の港と比べますと、規模も非常に小さい中でございます。しかし、逆に言えば、四日市港、これは県内で果たしておるだけじゃなくて、近隣の滋賀だとか、岐阜だとか、こういったとこからの利用もあるわけでございますし、これをスーパー中枢港湾という指定の中で大きくその機能を広げていく、機能を高めていく、そのチャンスであると、こういうふうに認識をいたしておるところであります。

そこで、この認定の話が出てまいりましたときから、中部整備局ともいろいろと相談し、連携をとりながら話をしておりまして、私としては、今後、やはり愛知県と、それから名古屋市と、それから三重県と、それから愛知県の経済界の皆さんや三重県の経済界の皆さん、そして、両港湾の事務局も入って、これをやっぱり積極的にどういうふうに展開していくのか、それこそ、議員お好きの戦略的という言葉で言えば、まさに戦略的な方向づけというものを私どもはこれからしていきたいと、こう思っておるところでございます。

したがいまして、そういう中で、今御指摘がありましたようなことも、県として一体どうやるのが一番いいのかという観点から検討していきたいと、こう考えます。

〔3番　稲垣　昭義君登壇〕

◆3番（稲垣昭義君）　知事の方から御答弁をいただきましたが、もちろん本当に、私の好きな戦略的に取り組んでいただきたいんですね。それに取り組むに当たっては、やっぱりその土壌ができていないことには、何も戦略性はつくれないんですよね。先ほども言いましたように、まず体制ができているかどうかなんです。それぞれの部署、例えば愛知県の経済界とかいろんなところと連携をする、もちろん大事なんです。でも、その前に三重県の中での体制ができていなければ、そこで戦略的なものを描くこともできないんですよね。先ほど申しましたように、例えば四日市港、県にとって重要な港ですから、産業部局に一つ部署を設置したと、企業立地と一緒にやっていく、あるいは航路の誘致については、今50万ＴＥＵを目標に港をせなあかんわけですから、積極的に県も航路誘致の営業に回るだとか、そういうようなものも一つの戦略かもしれません。

例えば、よく話に聞くんですが、亀山

にシャープが来ました。90億円県は出して企業立地については県は戦略的に取り組んでおります。そのシャープが来たときに、じゃ、そのシャープの荷はどこから出ているかということを考えると、名古屋港から出ていますよね。じゃ、企業立地をするときに、そういった議論をできたのかどうか。県庁と四日市港管理組合が、例えば一緒に行って営業したのかどうかという部分も非常に重要やと思うんです。県は県で行って、管理組合は多分営業に行ったでしょう。でも、それではばらばらなんですよね。そういった部分が非常に重要なんじゃないかなと。その部分をしっかり議論できる、せっかく県はいろんな施策を打っていますので、その産業政策に港もしっかりと絡めていくといったことが、これからは三重県浮上の、三重県の経済発展のかぎになると私は思っていますので、ぜひともこれからよろしくお願いいたします。

後略

■四回目一般質問（2005年10月3日）

1、民間人校長について
2、教育委員会の権限移譲について
3、産業廃棄物行政について

前略

次に、教育委員会の組織の問題で、権限移譲についてお尋ねをします。

地方分権の議論の中で、本県では県と市町村の新しい関係づくり協議会の中で、市町村との間で権限移譲について議論が重ねられてきております。また、今議会にお示しをいただいた、本庁、県民局の組織の再編についても、県下の市町村合併が進み、69の市町村が29市町になることを踏まえて、地域重視の考え方や、住民に身近な市町村重視といった姿勢が明確に表れ、地域主権の社会実現を目指した組織の再編、権限移譲を行っていくという方向が示されております。

このような流れの中にあって、今後の教育委員会のあり方は、具体的には見えてまいりません。県教育委員会、市町村教育委員会、あるいは学校長といった三重構造の中で、教育委員会のあり方も大きく見直す必要があると考えます。主役である子供たちに一番身近なところで教育行政を行うためには、学校長重視の姿勢を明確にした組織をつくっていく必要があると思います。

そこで、教育委員長にお尋ねをします。これまで、県教育委員会から市町村教育委員会へ、あるいは県教育委員会から高等学校長へと権限移譲について様々な議論をされ、また実際これまで取り組んでこられた点があろうかと思いますが、それらについてお示しをいただきますのと、これから権限移譲についてどのように取り組まれていく予定であるかについて、御答弁をお願いします。

〔教育委員会委員長　竹下　譲君登壇〕

◎教育委員会委員長（竹下譲君）　今、議員が三重構造ということをおっしゃいましたけども、私は、正確には、国、県、市、学校の四重構造だというふうに思っております。そういうのを教育委員になりましてからも痛感しておりますけれども、そういう中で、私は、教育の基本というのは、第1にはそれぞれの地域の人間としてふさわしい人材の育成にあるんだというふうに考えております。そのためいかなる教育をするか、どういう人物を、指導者、これは教員ですけれども、教員にするか、それぞれ市町村で定めるのが原則であるというふうに考えております。

ただ、そうはいいましても、現在の子供たちがこれからの人間社会で生きていくためには、地域にふさわしい人材になるというだけでは恐らく足らないだろうと思っています。例えば三重県全体でも通用する人材にならないといけないでしょうし、日本全体でも通用する人間、あるいは世界的にも通用する人材になる必要があると考えています。

したがって、これは小・中学校の教育ですけれども、小・中学校の教育に関しましては、原則的には市町村教育委員会の裁量で行うべきであるというふうに考えておりますけれども、県の教育委員会としても、国全体の方針、これはよほどのことがない限りですけれども、それを尊重して市町村教育委員会に伝えていきたいというふうに思っておりますし、あるいは、県民の教育という立場から必要があれば、これも最小限に限ってですけれども、市町村教育委員会に対して意見を言っていきたいというふうに考えております。

それから、数年前まではこういうことができないような仕組みになっておりました。例えば法律で、県の教育委員会というのは市町村教育委員会に対して指導、助言するというふうに定められておったんですけれども、これは地方分権一括法で指導することができるというふうに変わりました。これを根拠にして、私はその県の教育委員会はできるだけ市町村の教育委員会に任せていくのが本筋であるというふうに考えておりますし、これは、議員が先ほどおっしゃいました、責任感がないんだとか、あるいはスピード感がないんだという話がございましたけれども、そういう欠点も補うことができるのではないかというふうに考えております。

それから、同じような考えに沿ってですけれども、県立学校については学校長に大幅に権限を委ねるようにしておりますし、現に、相当大幅に権限を移譲しております。現在では校長の裁量でかなりいろんなことができるというふうに私は考えておりますが、例えば、二、三日前、私は県立亀山高校に行ってまいりましたけれども、そこで定時制の授業を見学したんですが、ここでは多くのブラジル人とかフィリピン人などの外国人が在籍し、日本人と一緒に勉強しているんですが、そこの英語の授業を拝見しましたけれども、その先生は、ギターを弾きながら、歌い語りというんですか、そういうギターを弾きながら歌いながら英語の授業を教えているというふうにしておりましたけれども、かなり子供たちは楽しく授業をしておりました。これも校長先生に裁量権をかなり移譲した結果だというふうに確信しております。

もっとも、任せっ放しというわけにはいきませんので、県の教育委員会としては、県立学校の校長先生たちとかなり話し合いを密にしようと思っておりますし、あるいは市町村教育委員会とも連絡を常に図ろうと思っておりますし、現にそういうことはしております。

以上です。

〔2番　稲垣　昭義君登壇〕

これまでそのように取り組まれているということは非常によくわかったんですが、今後ということに対しますと、例えば、今、この資料をいただいて見ていましても、県と市町村の新しい関係づくり協議会ですか、その中で46項目の項目を教育委員会の関する部分として議論いただいておるとか、あるいは七つの検討部会に参加してやっていただいておるとか、いろいろ書いてもらってあります。その中での具体的なものというのが何か見えにくいなという感覚を我々は持ってるんですけれども、これまでの取組、権限移譲をこれまでやってきたと、これ、十分わかりました。今後、どうしていくんだという部分で、教育委員長としてのお考えがあればお聞かせください。

◎教育委員会委員長（竹下譲君）　市町村教育委員会と確かにちょっと連絡がうまくいっていないという面はあるんですが、これは、例えばいろんな授業を指導していく上で指導主事という存在があるんですけれども、この指導主事を我々県の教育委員会としてはすべて市町村の方に任せたいというふうに考えておりますけれども、これは経費がかかるといいましょうか、市町村がその指導主事を全部もらってしまいますと自分たちで賄わないといけないというものがありますので、そういう経費面でも市町村教育委員会はかなり抵抗しているというか、あんまり権限は要らないというふうなことが正直言ってあるのかもしれません。あるいは、今まで国の指導のもとで、あるいは県の指導のもとで教育をしておりましたので、自分たちでいろんなことをやろうというところにまだ不慣れであるというところがあるかもしれませんが、これは今後いろいろ話し合っていきたいというふうに思っております。以上です。

〔2番　稲垣　昭義君登壇〕

◆2番（稲垣昭義君）　ぜひとも、市町村教育委員会としっかりとまた意見交換をしながら、権限移譲についてもさらに進めていただきたいなと。一番子供に身近なところで、先ほども言いました、教育行政ができるという形、あるいは学校長の権限、高等学校についてはかなり拡大をいただいておるというふうにも聞いておりますが、今後も継続していただきたいなと思います。

中略

それでは、時間が来ていますので、次に産業廃棄物行政について議論をさせていただきます。まず、県政の重要課題と知事も認識をいただいております大矢知地区の不法投棄問題について、知事にお伺いします。

有害物質の有無等の調査は、現在、県の方で行っていただいておりますので、その結果が出てから中身の議論については常任委員会でしっかりとやらせていただきたいと思っておりますが、調査結果が出た後、県として具体的な対応策を提案されることになると思います。この調査結果が出た後の県の体制は、環境森林部だけの問題ではなく、全庁的な体制をつくっていただく必要があると考えますが、いかがでしょうか。

例えば、青森県の場合ですと、県境の大きな不法投棄への対応策として、県境再生対策推進本部を副知事をトップに全庁的な体制で設置しております。岐阜の場合を見ても、市長をトップに不法投棄対策本部を設置して、これも全庁的な取組で行われております。県として、これから全庁的な取組ができるよう体制を整えていただくに当たって、今回、県庁組織の再編案にありますような、例えば政策部に全庁的な体制がとれるような本部を設置いただくのか、あるいは青森県の例の場合のように副知事の下にそういったのを設置するのか、特命のそういったプロジェクトチームのようなものを設置して取り組んでいただきたいと考えますが、いかがでしょうか。

〔知事　野呂　昭彦君登壇〕

◎知事（野呂昭彦君）　四日市の大矢知事例につきましては、現在調査を進めているところでございまして、できるだけ早く調査結果をまとめるように指示しているところでございます。お尋ねの体制ということでありますけれども、調査結果等において今後の取組についてもどういった取組になるのかということについての影響もあるかと思います。しかし、御指摘のように、その体制というものは、やはり総合的に関係部局が知恵を出し合ってしっかり取り組んでいくということが大事でございますので、私としては、御意見も踏まえ、ぜひ、一体となって取り組める、そういう体制を考えていきたいと思っております。

〔2番　稲垣　昭義君登壇〕

◆2番（稲垣昭義君）　ありがとうございます。全庁的なそういう体制、これから検討いただくということですので、ぜひともお願いしたいと思います。

中略

これら全国的に抱える負の遺産の問題というのはたくさん出てきておりますが、法の網を縫って不法投棄を行う悪質な処理業者に対してしっかり社会的責任をとっていただく体制がないことが一つの大きな理由なのかなと思っています。国、県ともに未然防止策が不十分であったということも理由の一つだろうと考えています。今後の不法投棄をなくすための未然防止策を、今、しっかりと構築していくことも県政の非常に重要な課題であると考えます。そこで、未然防止策として幾つか提案をさせていただきます。

まず、群馬県で昨年制定をされました「肥料等の大量投与の防止に関する条例」を本県においても制定することを提案いたしますが、土壌改良剤というのは範囲は幅広く、法律で定められている肥料であれば規制がかからないという法の網の目を縫って、実際に肥料と称して産業廃棄物を投棄する悪質な事業者が存在します。本年に入ってからも、長崎県、高知県、愛媛県、愛知県などで肥料と称した投棄が問題になっており、本県においても鈴鹿、四日市のお茶畑のところに同様の問題が起こっております。

青森、岩手県境の不法投棄の問題も、もとを考えてみると、平成4年に、事業者に対して、堆肥化を行う産廃中間処理場、堆肥にならない有機物を捨てる最終処分場、また両施設から出る汚水を浄化する浸出液処理施設の三つの施設を建設許可したことから、今日の大量の不法投棄問題に発展してきております。

廃棄物処理法など既存の法律では肥料の偽装に対応するのは非常に難しいということから、肥料と称した大量のごみが捨てられることに対する抑止効果を考え、先ほどお話をしました「肥料等の大量投与の防止に関する条例」というのを本県にも制定をする必要があると考えますが、いかがでしょうか。環境森林部長、ぜひ、このような事例を踏まえ、産業廃棄物の不法投棄抑止の考え方から御答弁をお願いします。

〔環境森林部長　油家　正君登壇〕

◎環境森林部長（油家正君）　私の方から肥料等の大量投棄の防止について御説明申し上げます。

今、議員からお話がございましたように、これまで私どもの方に、木くずチップ等の土壌改良剤として大量に使用されている話とか、あるいは畳の廃材あるいはお茶葉のかすとか、あるいは肉骨粉等の肥料等が使用されたということにつきまして、情報提供や、あるいは廃棄物ではないかといった問い合わせ等が寄せられてきております。

そこで、私どもも、こういった問題にぶつかりますと、それが肥料なのか、あるいは廃棄物なのか、非常に悩ましい問題でございますけれども、肥料として活用する場合には当然、品質や量においてそれが肥料として適正であることが求められますが、品質については当然お使いになる方がチェックをかけますが、量になりますとなかなか難しい問題がございまして、明確な量についての判断基準が、今、ございません。したがいまして、こういった問題につきましては、施行現場において農業における肥料として適切に使われているものなのか、あるいは廃棄物、特に産業廃棄物として不法投棄であるのか、具体的な事例ごとに、ケース・バイ・ケースで対応しているのが現状でございます。

一つ例を挙げますと、先ほど議員の方

からもお話がありましたように、私どもの県内のある業者が約2万立米の木くずチップを土壌改良剤と称しまして県内の造園事業者に売却し、植木の栽培予定地に施用しました。当初は厚さが10センチか20センチぐらい敷きならして耕されていましたものですからよかったんですけれども、今年の2月ごろ、農地への木くずチップの施用量が多いとの情報がございましたので現地確認を行ったところ、多いところでは厚さ2メートルほどの施用がされているということを確認しましたので、これにつきましては木くずチップの適正施用等ということで肥料とは申せないということで、私ども、是正の指導を行ったことがございます。

こういうふうに、本当に一つ一つケース・バイ・ケースで、今、対応している状況でございますが、議員から御提案がございましたように、今後、こういう肥料等という名のもとにおいて行われる廃棄物の不適正な処理につきましては、適正に指導していけるよう、私ども、関係部局と連携して、一定の指針を設けていくことはできないか検討を進めてまいりたいと思います。条例をというお話もいただきましたけど、やはりいきなり条例といいますと、いろんな技術的な問題とか、あるいは社会経済活動に与える影響等も考えていかなければいかんということがございまして、群馬県とかは条例、あるいは長野県等はガイドラインということでやっておりますので、私どももそういった一定の指針を検討してみて、それでいろんな事例を積み上げて、他県の例も参考にしながら、適切に判断できるような指針づくりをしていきたいと考えております。

以上でございます。

■五回目一般質問（2006年3月2日）

1、四日市港について
2、知的財産戦略ビジョンについて
3、通学路の安全確保について

◆2番（稲垣昭義君）　前略

これまでの道路政策は、どちらかというと車の目線から見ていまして、歩行者とかそういった目線からというのは余りなかったのではないかなと思っています。もちろん、午前中の清水議員の議論にもありましたように、北勢バイパスや中勢バイパス、第2名神、そういった幹線道路については、産業政策の目線や、あるいは車の目線というのは非常に大切だと思いますが、生活道路については、歩行者の目線というのを、これからやっぱり視点として入れてほしいな、特に、通学路については、子どもの目線というのをしっかりと入れていただきたいと思っています。

そういったことを考えると、比較的車通りの少ないところが通学路に指定をさ

れていますと、例えば街灯の設置も後回しにされるだとかいうことがありました。ぜひ、一度視点を変えて、通学路を明るくする運動と書かせていただいたんですが、そういった視点での道路行政という取組もしていただきたいと考えますが、御所見をお伺いいたします。

◎県土整備部長（長谷川寛君）　それでは、通学路を明るくする運動の提案について御答弁申し上げます。

道路照明施設でございますが、道路上の照明施設には、道路管理者が設置するいわゆる道路照明灯と、主に市街地、または集落内の防犯対策として市・町・自治会が設置する防犯灯がございます。それで、道路管理者が設置する道路照明灯は、これまで夜間における交通事故防止を目的として、信号機のある交差点、横断歩道、夜間交通上特に危険な場所、道路線形が急激に変化する場所等に設置することとしております。

こうした結果、例えば、集落と集落の間で通学路となっている道路において、防犯上十分な照明が確保されていない箇所がございます。それで、このような通学路となっている県管理道路の照明設置につきましては、県土整備部で多くの要望を受けているのは事実でございます。これらの要望に対して、交通安全上の必要な箇所にしか設置してきていないということは、公共事業での取り扱い基準に基づいて、その範囲で終えておりますが、当然のことながら、防犯対策による歩行者の安全・安心確保という観点で、これまでやっていないということについては、現在、反省もしておりますし、今後、総合行政の立場でこれらの取組を進めていかなければならないと思っております。

いずれにいたしましても、県民の皆様の安全・安心確保向上へのニーズが高まっている中で、今後は、通学路につきましても、交通事故防止の視点に加えまして、防犯対策も視野に入れた道路照明灯の設置のあり方につきまして、防犯関係者等、市町とも協議して、原点に戻ってこのあり方について検討してまいります。

以上でございます。

■六回目一般質問（２００７年2月26日）

1、官民の役割分担について

2、三次救急医療のあり方について

3、北勢地域の産業政策について

4、地域資源の発掘について

5、総合的な団塊世代施策について

前略

◆2番（稲垣昭義君）

それでは次に、各保健医療圏における三次救急医療のあり方についてお尋ねをいたします。本県では、北勢保健医療圏、中勢伊賀保健医療圏、南勢志摩保健医療圏、東紀州保健医療圏と四つの保健医療圏に分かれております。現在、三次救急医療については、県北部の県立総合医療センターと県南部の山田赤十字病院にそれぞれ救命救急センターが設置され、指定をされております。

《中略》

さらに、北勢保健医療圏の三次救急医療のあり方についてお尋ねをいたします。

県保健医療計画によると、木曽岬町から亀山市までの人口81万人圏域が北勢保健医療圏とされております。先ほど述べましたように、県立総合医療センターが救命救急センターの指定を受けております。平成15年4月には、四日市市の市立四日市病院にER―Yokkaichiが設置され、二次救急医療施設として救急センターの指定を受けております。

この北勢保健医療圏の実態を見てみますと、四日市市消防本部の平成17年度の報告によりますと、搬送人員の１万１９８６人中、51．7％を市立四日市病院が受け入れており、県立総合医療センターは24．7％にとどまっております。過去5年間を見ても、約47％から54％を市立四日市病院が受け入れており、県立総合医療センターは22％から24％となっております。

また、市立四日市病院は、桑名市消防本部から桑名市全体の３．８％である２４３件、菰野町消防本部から菰野町全体の18．３％の２１８件の救急患者を受け入れており、いずれも県立総合医療センターを大きく上回っております。さらに、津市や伊賀市、伊勢市、あるいは県外からの救急患者を受け入れており、実質的には県立総合医療センターよりも救命救急センターとしての役割を果たしております。加えて、緊急手術を含む手術件数も、三重県内では術式別の件数において、三重大学医学部附属病院と並んで県内1位の手術数であります。

従来、この三次救急医療施設はおおむね人口100万人に1カ所整備するとされておりましたが、最近では、全国351保健医療圏の中で、32保健医療圏において複数の救命救急センターが指定されております。近隣では、愛知県が三つの保健医療圏において複数の医療施設が指定されており、岐阜県では、人口81万人の岐阜保健医療圏において2施設、さらに静岡県では、人口72万人の静岡保健医療圏も2施設、人口88万人の浜松保健医療圏も2施設の指定が行われております。

このような実態を考慮すると、北勢保健医療圏においては、県立総合医療センターに加えて、市立四日市病院を救命救急センターに指定する必要性が高いと考えますがいかがでしょうか。

以上、御答弁をお願いいたします。

後略

この私の質問を受けて協議が重ねられ、平成二十一年二月二十五日に市立四日市病院は三次救急医療を担う病院として救命救急センターに指定され今日に至っている。

■七回目一般質問（2008年3月5日）

1、北勢地域の産業政策に新たに求められる二つの視点について
2、観光戦略について
3、基金と補助金のあり方について
4、不法投棄事案について
5、都市鉱山について

◆16番（稲垣昭義君）　最後に、廃棄物行政について議論をさせていただきます。

全国最大規模の不名誉な大矢知・平津事案の不法投棄に関して、住民との話し合いの中で、現在住民の求める場所で新たに3カ所再調査をいただき、その結果待ちの状況と聞いております。県が川越建材工業に対して出した措置命令の履行期限は本年12月末でありますが、今後の県の姿勢、進め方をお尋ねいたします。

また、今後、不法投棄エリアのあり方を、住民を含めてともに検討する協議会、これについては昨年3月13日に準備会を立ち上げていただいてからその後動きはありません。今後の県の考え方をお示しください。

さらに、新小山最終処分場の整備についてお尋ねいたします。

現在の三田処分場の耐用年数が平成23年であることを考えますと、公的関与の管理型最終処分場の整備に関してスピード感を持った取組が求められます。建設

事業費が135億円程度と言われていますが、事業主体である環境保全事業団の資金繰りも含めて今後の見通しをお示しください。

（環境森林部理事　松林　万行君登壇）

◎環境森林部理事（松林万行君）　大矢知・平津事案につきましては、県が実施いたしました安全性確認調査の結果を受け、直ちに人体への影響など、生活環境保全上の重大な支障を生ずるおそれはないものの、継続的な水質調査とあわせて覆土や雨水排水対策等の実施が必要であるとの専門会議の御意見を踏まえ、本年12月30日を履行期限といたします措置を命じ、現在原因者に対しその履行を指導するとともに、周辺地域において水質監視等を行っているところでございます。

一方、地元住民の皆様からは、処分されている廃棄物を直接自分の目で見たいということで、掘削調査の強い御要望をいただいておりまして、県といたしましては、これを最優先して原因者に実施させているところでございます。現在は既にボーリング調査が終了し、3月中旬ごろには地元の皆様に対するボーリングコア見学会を開催する予定になっております。今後は、地元などにより選任されました学識経験者により分析結果の評価をいただくこととなっております。

また、地元の皆様から強い御要望をいただいております将来的な処分場跡地の保全及び活用のあり方につきましては、この廃棄物処分場が法の定めにより廃止までの管理が必要な処分場であること、多数の地権者が存在することなど、対応すべき様々な課題があることから、昨年、処分場跡地保全活用検討会の準備会を開催したところでございます。現段階では、地元住民の皆様から強い御要望をいただいておりますす掘削調査の進捗を図ること、さらに履行期限も近づいていることから、原因者に対して早期に着手し、期限までに措置命令が履行されるよう強く指導することが優先すべき課題であると考えております。今後これらの進捗状況を踏まえた上、地元住民の皆様や学識経験者の御意見をお伺いしながら、処分場跡地の保全及び活用のあり方についての検討を進めていきたいというふうに考えておるところでございます。

続きまして、新小山の処分場の整備についてでございます。

新小山最終処分場につきましては、三重県環境保全事業団が廃棄物処理センター事業の一環としまして平成10年度から準備を進めてまいりましたが、途中四日市港内の三田処分場の開設などもあり、当分の間の受け皿が確保されたということから検討を一時中断しておりました。

しかし、その後のフェロシルト問題等により三田処分場の処分量が大幅に増加し、議員御指摘のようにその残余年数は約4年と見込まれる状況に至っております。今後企業が集積する北勢地域における産業廃棄物の受け皿、また災害廃棄物の受け皿としての新小山最終処分場を早期に整備する必要が生じてきております。このため、事業団では新小山最終処分場の検討を再開し、現在詳細設計の策定を行っているところでございます。今後、引き続き廃棄物処理法や農地法、土地収用法等の法的な手続を行い、三田処分場の埋立終了までに新小山処分場が開設できるよう作業を迅速に進めてまいりたいというふうに考えております。

整備費でございますけれども、新小山処分場の整備費のうち産業廃棄物分については、基本的には事業団が市中銀行からの借り入れにより対応することとなりますが、多額の初期投資が必要になることもあり、国の産業廃棄物処理施設モデル的整備事業を活用し、県においても一定の支援を行っていくことと考えております。なお、災害廃棄物分につきましては、その受け入れ時期が明確でなく、資金計画の設定が困難であることから、県としても事業団に対し一定の支援を検討することも必要ではないかと考えているところでございます。

■八回目一般質問（2009年3月4日）

1、子どもたちの心の病に対する取組について

①スクールカウンセラー・スクールソーシャルワーカーの充実について

②学校非公式サイト対策推進事業について

2、子どもを安心して産み・育てることができる仕組みについて

3、情報システム関連予算について

4、直轄事業負担金について

前略

　昨年、私は、政策防災常任委員長として本県の情報システム関連予算はブラックボックス化されていることから、その対応について専門家を招いて集中審議を行いました。その結果、本県の情報システムは現在206システムで、それらのシステムに関連する契約額は年間50億円程度、そのうち34システムが年間経費5000万円以上の大規模システムであり、情報システム全体の契約額の80％近くを占めていることがわかりました。

　また、大規模システムは、高い専門性などから入札参加者が少なく、落札率も高くなる傾向にあり、契約額の約70％以上とされる運用・保守費用については、平成19年度の契約状況から見ても随意契約の割合が50％近くを占め、高い状況が続いている現状がありました。

　本県としてこのような情報関連予算の実態が初めて把握できましたが、全国47都道府県のうち、情報関連予算の全体を把握しているのは15自治体しかなく、全国的に見れば先進的な取組をしているほうであると言えます。しかしながら、さらに効率化、適正化を求めて、昨年2月19日の委員長報告で6点の提案をいたしました。

　1点目は、保守・運用費用の削減についてで、これらの費用は毎年30億円程度の横ばいで推移しており、随意契約を減らす取組と調達額の厳正審査を求めました。

2点目は、現在行われている予算要求前審査は適正な予算額を確保するために必要不可欠ですが、それにも増して調達仕様書や設計金額の妥当性を審査する調達前審査が重要であり、一層の充実を図るため、責任と権限を有するCIO補佐官の設置を提案いたしました。

3点目は、現在調達したソフトウエアについて、投資された費用に見合った成果品であるかなどの確認が十分になされているとは言えず、今後は発注した仕様書どおりの成果品が納入されたかなどを確認する仕組みを構築すべきと提案しました。

4点目は、IT投資の一連のプロセスを管理、支援し、適正な調達方法の採用による費用の削減や品質の確保を図っていくためにも、職員の育成とスキルアップを求めました。

5点目は、情報システムのパッケージ化への取組で、これからはさらに調達費用を削減する観点からも、本県が率先して近隣の自治体と情報化に関する課題について話し合う機会を持ち、共同でシステムのパッケージ化などについても検討をし始めるべきだと提案いたしました。

6点目は、情報システム関連予算などを議会に対してわかりやすい説明、報告を行うよう求めました。

以上6点の提案について、20年度はどのような取組がなされ、どのような成果が出たのか。あるいはまた、21年度、どのような取組を予定されているのかお答えください。

◎政策部長（渡邉信一郎）

情報システム関連予算についてお答えを申し上げたいと思います。

ＩＴを活用した行政サービスの高度化を進めるためには、ＩＴ調達の適正化、効率化に向けた取組が重要であり、運用・保守費用の削減、調達前審査の充実など様々な取組を進めていく必要がございます。そこで、今年度は、予算要求前審査や調達前審査において、開発から運用までのトータルライフサイクルを踏まえた情報システムの構築や競争性のある調達を前提とした見積書や仕様書の作成などを支援し、審査することで、運用・保守費用などの削減に努めております。

また、データ地図を市町と共同で整備するとともに、ＧＩＳシステムの再構築を進める中で、表示速度や使い勝手の改善だけでなく、その運用・保守費用の低減に努めました。さらに、ＩＴ調達の適正化、効率化をより進めるため、ＣＩＯ補佐官の設置の必要性や導入方法の検討を進めてまいりました。

平成21年度は、ＣＩＯ補佐業務を新たに委託することで、一層のコスト削減を進めるだけでなく、効率的なシステムの調達から、調達したシステムの確認、そのシステムの運用評価までの一連のＰＤＳサイクルを構築してまいります。また、全庁システムの適正化に向け、システムの再構築時期に合わせて、共通機能や運用管理の共同化を進めるとともに、県のホームページや環境総合情報システム等の中小システムのサーバー統合を行うことにより、コスト削減や運用の効率化を進めます。今後、これらの取組に加えまして、情報担当職員のスキルアップ、調達した成果品の確認方法の改善などを進めるとともに、県民や議会へのよりわかりやすい説明を引き続き行ってまいりたいと思います。

この情報システム関連予算についての一般質問は一年前に私が政策防災常任委員長として委員長報告で提案したものへの対応を質したものであった。ＣＩＯ補佐業務を新たに委託しコスト削減をすすめるとの答弁を引き出し４２００万円の予算を計上することが出来た。この後の私の一般質問の答弁で、２００９年とＣＩＯ補佐業務を設置した２０１０年の予算を比較すると大規模システムの運用保守費は４億８千万円の削減効果があったことが分かった。年間約５億円の運用保守費を削減することができたことは大きな成果であったと考える。

■九回目一般質問（２００９年12月3日）

１、事業仕分けについて

2、本県の農業政策について

3、高度部材イノベーションセンター（ＡＭＩＣ）について

前略

先日、私は、若い方々と食と農業をテーマに意見交換をいたしました。少し、最後に視点を変えて教育長にお尋ねをしたいと思います。

その際、様々な議論の中で、農業の大切さをほとんどの方が認識しているにもかかわらず、参加していた高校生や大学生に対して、農業をやりますかと私が問いかけると、だれも手を挙げる方はいないというのが現状でした。

そしてまた、小学校４年生を担任している先生が学校で行ったアンケートを発表いただいたのですが、形のよい野菜と形の悪い野菜のどちらを食べたいですかとの問いかけに対して、87％の児童が形のよい野菜を食べたいと答え、また、形のよい野菜と形の悪い野菜のどちらが体にいいと思いますかとの問いかけについて、８割以上の児童が形のよい野菜と答えたとのことでした。

小学校では、低学年で野菜をつくり、高学年で米をつくる体験型の授業があるとのことですが、実際にそれらの体験型の授業から正しい栄養の知識や食生活、食文化の大切さを子どもたちが習得できていない現状にあるのではないかというふうに感じます。本来、家庭教育で行わなければいけないことかもしれませんが、我が国の食文化や健康を守るといった視

点で、例えば小中一貫で食育について学ぶといった取組が必要なのではないかと考えますが、御所見をお聞かせください。

また、農業の魅力を感じることができず、子どもたちが農業の夢や希望を全く持てない状況では決して担い手が育つことはないと考えます。進路指導をいただく先生が、まず農業の魅力を感じていただくことも必要かもしれませんが、誇りを持って農業に従事したいと子どもたちが感じるような取組が必要であると考えます。例えば、先ほどお話ししたように、農業を格好よく、感動があり、稼げるという新たな3K職場にしようと取り組んでいる若者の話などを子どもたちに伝えていくことや、県の新しい農政の取組をキャッチいただいて連携をいただくといったことなどが求められると思いますが、御所見をお聞かせください。

◎教育長（向井正治）　稲垣議員の言われますように、やはり近年の社会情勢の変化等から、子どもたちが実際に農業に触れることが非常に少なくなっている。そういうことから、小学校等で体験型の農業というふうなことで、野菜や米を育てたりする、そういったことが学習に取り入れられております。子どもたちが実際に土に触れながら野菜を育てて、収穫して、食べること、そういうことを体験することによりまして豊かな人間性を養っていこうと、そういう考え方でこういった授業が組み立てられているものでございます。そういった中で、稲垣議員が言われるような、やはり今後の農業のあり方について少し理解を深めるような方向というのも今後取り入れていく必要があるかと思っております。

しかしながら、現場におきましても、まずは土に親しむというふうなことも含めまして、いろいろな活動を行っております。例えば、四日市市の桜小学校では、農家の方々の協力も得まして、昔ながらの田植えの体験とか、収穫した米でおもちをつくる、栽培することの苦労や喜びを体験していただいております。

またもう一つ、一方で、もう少し紹介しますと、伊賀市立の府中小学校では、農家の方からお借りしました畑で、ジャガイモ掘りとか野菜づくりを行っております。

この場をかりまして少し紹介させていただきますと、そういった中で、伊賀の伝統的な郷土料理でありますす田楽を学校給食に取り入れたり、そういう取組を行っております。こんな取組なんていうのは、本年度の地産地消等のメニューコンテストにおきまして農林水産省の生産局長賞を受賞しています。結構そういった形で幅広い取組が小学校、中学校においても行われているところでございます。

議員からも御指摘がございました、教育委員会といたしましては、今後も、農水商工部とも連携いたしまして、子どもたちが生産者との交流とか体験などを通じまして、食に対する感謝の気持ちとか、生産に携わる人々への理解を深めて、農業に魅力を感じられる、そういったような取組をこれからももっと推進してまいりたいと、かように考えております。

■十回目一般質問（2010年12月2日）

1、三重県の未来について

①　中部圏（東海）広域連合について

②　四日市港の未来について

③　新しい時代の公について

2、IT・情報関連政策について

①CIO補佐業務の成果について

②　自治体のクラウドコンピューティングの利用について

◆16番（稲垣昭義）　知事が就任以来言われています新しい時代の公ということについて、行政だけでなくて、多様な主体が公を担っていく時代だという認識は私も同じ思いであります。国でも本年6月に新しい公共宣言がまとめられたことを考えますと、この国のあり方として非常に先を見た考えであったと思います。

県議会におきましても、平成19年度にはNPO支援に関する勉強会を超党派で設置をし、私が座長として1年間の検討会の結果を報告書として取りまとめました。また、平成20年度はNPO等ソーシャルビジネス支援調査特別委員会を設置し、私は委員長としてたくさんの方を参考人にお招きして、ソーシャルビジネスという視点からNPO支援のあり方を議論しました。

このように、県議会には新しい時代の公を担う重要な主体であるNPOについての議論の蓄積がある中で、本年は森本副議長を座長とする広聴広報会議がNPOの中間支援組織の皆様のところにお伺いをして、みえ出前県議会を開催いただき、情報交換が行われました。様々な議論を経て、私はNPOが抱える課題について、人材、資金、コンプライアンスの三つであると考えております。知事は新しい時代の公の先駆者として、その担い手として重要なNPOが抱える課題についてどのような認識をお持ちで、その課題解決のために8年間どのような取組をされてきたのか、お答えをください。

また、先日、国会で成立した補正予算の中に、国民の積極的な公への参加による公的サービスの無駄のない供給に向け、NPO等が自ら資金調達し、自立的に活動することが可能となるよう環境整備を進める予算として87億5000万円が計上されております。これらの有効活用も含め、本県として今後新たな取組をしていく予定等があればお答えをいただきたいと思います。

〔野呂昭彦知事登壇〕

◎知事（野呂昭彦）　今の社会に疑問を多く感じるのは、どうしても経済性とか効率性、こういった側面が強調される。しかし、今社会の中で一番大事なことというのは、やはりきずなといったような、あるいはソーシャルビジネスという言葉を使われましたが、ソーシャルキャピタルをどういうふうに考えていくのか。これが私は日本にとって、特に成熟した社会の中で、産業そのもののあり方だけではなくて、社会のあり方、こういったことが大事なのではないかなと思います。

そういう意味では、新しい時代の公ということで、県民の皆さんと行政がともに公を担って、多様な公共サービスの提供、あるいは住みよい地域社会の実現につなげていくことを目指して、文化力とともに新しい時代の公の考え方を基本として、私は県政を展開してきたところでございます。

この新しい時代の公を推進するというためには、御指摘がありますように、その主要な担い手であるＮＰＯ、これが活発に活動できる環境を整備するという必要があると思います。これまで県では、みえ県民交流センターにおきましてＮＰＯの多様な活動、あるいは交流、情報の受発信、県域のＮＰＯ支援機能の向上、こういったことを図ってきたところでございます。

私が就任しました平成15年当時、ＮＰＯは県の認証では１７１法人でありましたが、平成22年11月、直近の数字でありますが、５４７法人というふうに、実に3倍以上に増加をしているところでございます。それから、市町及び県が設置をいたします市民活動センターの数も４つのセンターしかなかったのが今や12センター、これも3倍に増えてきているということでございます。

また、社会情勢の変化や多様化する県民のニーズに的確に対応をするということで、ＮＰＯと県がそれぞれの強みを生かしながら課題解決、問題解決に当たろうという、そういうＮＰＯと県との協働ということも推進をしてきたところでございます。

御承知のとおり、平成15年には全国に先駆けて、ＮＰＯからの協働事業提案というのをやって、これまで61件提案を受けまして、その中で23件の事業についてこれまで協働で実施をしてきたところでございます。その中で、例えば子どものこころを受け止める24時間フリーダイヤル相談電話事業などにつきましては、引き続きＮＰＯと県が協働で取組を進めておるところであります。

しかし、課題等もございまして、ＮＰＯの財政規模を見ますと、収入規模が５００万円以下のＮＰＯの法人が半数以上を占めているということなど、ＮＰＯの活動基盤というものについては、決して安定したものとは言えないところであります。今後、ＮＰＯが地域づくりの担い手、あるいは社会サービスや雇用の場の担い手としての役割を果たしていくためには、今申し上げたようなＮＰＯが多様な財源を確保できるという状況、そして、県民がそれに参画をしていくような促進を図っていくということが不可欠であろうと考えているところでございます。

今後は、雇用創出基金事業を活用しま

して、ＮＰＯの人材を育成する事業、あるいは中間支援組織の機能を強化する事業などに引き続き取り組んでまいります。

　そして、ようやく国のほうも新しい公共ということを言い出しました。御紹介ありましたように、新しい公共支援事業、これは円高・デフレ対応のための緊急総合経済対策として実施をするものでございますけれども、平成22年度の補正予算で87億5000万円というものが出てきているところであります。これがまだ三重県へどれだけ交付されるのかということについてはわかりません。三重県に交付がありましたら、それで基金を設置しまして、これは直接ＮＰＯ等に補助金として出せるものではなくて、多分この基金からいろんな事業をやるということについてＮＰＯ等に委託するような、そういう形の事業展開になるのかなと思いますけれども、しっかり今後活用しながら、一層新しい時代の公を担うＮＰＯの活動基盤を強化していくように努めていきたいと考えます。

■十一回目一般質問（２０１１年12月１日）

1、三重県の未来について

2、石油コンビナートの防災対策について

3、新エネルギービジョンの策定について

4、北勢地域の産業政策について

前略

　次に、石油コンビナートの防災対策についてお伺いをいたします。

　3月11日の東日本大震災は私たち日本人にとって忘れることができない悲しみであり、衝撃的な出来事でした。

　私は5月に石巻市と女川町にボランティアとしてお伺いしましたが、この体験は、生涯忘れることはありません。

　私たちは多くのことを学び、東海・東南海・南海地震に備え、防災対策、津波対策をさらに強化していかなければいけません。

　今日は、東日本大震災や台風12号を経験して、様々な防災対策の取組について議論をしたいところでありますが、限られた時間でありますので、石油コンビナートの防災対策に絞って議論をさせていただきたいと思います。

　3月11日にテレビで被災地の様子を見ながら津波のエネルギーに強い衝撃を受けましたが、中でも仙台のコンビナート火災や千葉県市原市のコンビナートが燃え続ける様子を見て、私の住む四日市コンビナートの映像と重なり、体じゅうが震えました。市原市のコンビナートは11日間にわたって燃え続けました。

　県では、これまで毎年、この赤い冊子で、（冊子を示す）三重県石油コンビナート等防災計画を改定いただいておりますし、いざというときの備えをこの中で記載いただいております。

また、東日本大震災以降、独自の津波浸水調査を新たに発表いただき、あるいは四日市のコンビナート事業者37社に対して地震・津波対策の状況調査も実施をこれまでいただいております。

10月19日には、四日市コンビナート事業者の皆さんと関係行政機関が一堂に会し、懇談会が行われたと聞いております。この懇談会では、コンビナートの津波対策や地震対策、液状化対策などに対して、様々な意見が出されたと聞いております。

まず、お伺いしますのは、これらの調査や懇談会を踏まえて、コンビナートの防災対策に関して、本県としてこれまでの取組に加えて新たに取り組む必要があるポイントが何であるのか、まずお答えをください。

また、国の中央防災会議の被害想定の見直しを待つ必要があるのかもわかりませんけれども、今後コンビナート防災計画の改定をどのようなスケジュールで進めていく予定かもあわせてお答えをください。

〔大林　清防災危機管理部長登壇〕

◎防災危機管理部長（大林清）　御質問いただきましたこれからのコンビナート対策、防災対策についてでございますけれども、まずは、3月11日、大震災が発災した直後には、県といたしまして、高圧ガス保安法に基づく耐震設計が義務づけられている施設を有するコンビナート企業に対しまして、緊急の施設点検を指示したところでございます。

また、被害状況が明らかになってきた

8月から9月にかけまして、県内コンビナート企業の地震・津波対策の実態調査を、先ほど議員のほうからも御指摘いただきましたように実施したところでございます。

その結果、高圧ガス施設及び危険物施設とも、現行の法令基準を満たしていることを確認しております。しかしながら、一方で、今回の大震災による被害の主な原因となりました津波については、多くの事業所で対策がとられていないということが明らかになりました。

具体的には、津波警報発令時のプラント停止判断基準がそれぞれの事業所においてないということ、あるいは、タンクローリーなどの出入り車両、あるいは屋外保管物の漂流対策が講じられていないというようなこと、それと、非常時の通信手段の確保が十分でないことなどであります。また、敷地内の通路の液状化に対する対策といったことも課題として明らかになったところでございます。

このため、議員のほうからもお話しいただきました10月19日に、四日市臨海地区のコンビナート事業者、四日市市等との意見交換のための懇談会を開催させていただいて、県として調査をしました津波浸水予測調査の概要を説明させていただくとともに、先ほどの実態調査の結果について報告をし、明らかになった課題について、可能なものから早期に取組をお願いしたところでございます。

今後、県といたしましては、本年10月に策定しました緊急地震対策行動計画に基づきまして、石油コンビナート等防災計画について、関係機関、関係事業者と協議をしながら、見直しを進めていきたいというふうに思っております。

見直しに当たりましては、やはり企業にとって、早く事業を続けていっていただくとか、もう一つは安全を確保すると、そういうことが大事だと考えておりまして、コンビナート施設の保安の確保に関すること、それと、もう一つは、従業員及び地域住民の安全を確保するという二つの視点から、特に今回の調査で明らかになりました遅れている津波対策に重点を置いて、課題解決に向けた取組を進めていきたいというふうに考えております。

具体的には、年度内に予定をされておりますの国の、いろんな対策検討会議等ありますので、それの提言でありますとか、10月の先ほどの懇談会で示した課題について、事業者の協議を継続するとともに、各事業所の地震対応マニュアルについて津波対策を考慮したものにするようなどの見直しを促してまいりたいというふうに思っております。

もう一つ、国が予定しております東海・東南海・南海地震が連動して発生した場合の被害想定の見直し等も予定をされております。それを踏まえまして、県としましても、コンビナート地域の被害想定の再調査、いわゆる防災アセスメントでございますけれども、それを実施した上で、事業者、四日市市などの関係者との意見交換も踏まえながら、石油コンビナート等防災計画の見直しを図っていきたいというふうに考えておりまして、大きく被害想定を前提にしますので、国の被害想定の動向と合わせながら、しっかりとスケジュールをとっていきたいというふうに考えております。

以上でございます。

〔29番　稲垣昭義議員登壇〕

◆29番（稲垣昭義）　具体的な見直しのスケジュールについては当然国の動向も見ながらというのでわかりますが、（冊子を示す）この防災計画のやつも、私も毎回、これ、送っていただいておって、そんなにじっくり読んだことは、正直恥ずかしながらなかったんですが、今回3月11日以降読ませていただいて、確かに、今、部長が答弁されたように、津波のところは本当に七、八行書いてあるぐらいですね、津波対策は。しかも、そこを読むと、「津波到達までに90分以上あるため、適切に対応すれば被害影響は少ない。」と書いてあると、それはコンビナートの事業者も、その体制が遅れていると言われても、それはそうだろうなというふうに思います。

というところも含めて、しっかりまたこれも見直していただく中で、今のこの見直しのポイントの中で幾つかちょっとまた御質問もさせていただきたいんですが、まず、ソフト面というか、2点なんですけれども、四日市のコンビナートといっても結構幅が広くて、塩浜地区とか、あるいは旧港のあたりというところは本当に住居と密接しておって、住民の方からも非常に大きな不安とか、関心も高まっておる現状があります。

そんな中、先ほど、今、見直しのポイントで、従業員とか地域住民ということも言われましたが、どの程度地域の方との連携をしっかりとりながら見直していただけるのか、そのことはどういうふうに考えておられるのかというのが1点と、もう1点は、霞のエリアは島になっていまして、その霞のコンビナートのエリアには大体1万人以上の方が昼間ですと働いておられます。いざ地震が起こって、液状化の問題もあります、津波が来るというときになったときに、その1万人以上の方をどのように避難させるのかと、これ、具体的に、本当に非常に大きな課題だということがこの間の懇談会でも挙がっているというふうに聞いておるんですが、このことについての考え方というのがあれば。

ちょっとこの2点、まずお聞かせをください。
◎防災危機管理部長（大林清）　御指摘のように、四日市の石油コンビナートはその立地条件から、霞地区、午起地区、それから塩浜地区と分かれておりまして、今回の津波浸水予測調査でも人体防潮施設がない場合には2メートルぐらいの津波が来るという形でシミュレーションしておるところでございまして、それぞれの地区の特性に応じた対策を講じていかなければいけないというふうには考えております。
特に塩浜・午起地区につきましては、民家が近接しておるということで、万が一災害等が発生した場合にはその事業所外にやっぱり大きな影響が及ぶというふうに考えておりまして、速やかに避難をして、人的被害を最小限に抑えていく必要があるというふうに考えております。

そのためにはやはり地域住民の方への迅速な情報提供が不可欠なのかなというふうに思っておりまして、現在におきましてもそれぞれの事業者は、トラブルが発生したときでありますとか、平時においても地域住民の方々とのいろんな意見交換をしていただいておりますけれども、県としましても、地域住民と連携した避難訓練とか、情報提供訓練とか、そういったものをしていっていただくように、一層のコミュニケーションを図っていただくように事業者には働きかけていきたいなというふうに思っております。

また、霞地区のほうは、住家からは逆に離れておりますけれども、御指摘のように大変たくさんの仕事をされている方がいらっしゃいますので、そうしたときに、やはり津波が発生した場合に避難をどうするかということが大変大きな課題だというふうにも認識しておりますので、県といたしましても、事業者向けの研修会でありますとか、コンビナート事業者で構成する協議会を通じまして、場所の確保でありますとか、工事関係者を含めた避難訓練を実施するように、まず事業者の方にお願いをしていきたいというふうに思っております。

そうした上で、地元の四日市市とともに、地域住民の方々とかコンビナート事業者、行政が緊密に連携しながら防災対策を進めていきたいというふうに思っておりまして、いろんな場面場面で意見をいただきながら、県、市、共同しながら取組をまとめていきたいなというふうに考えております。

〔29番　稲垣昭義議員登壇〕

◆29番（稲垣昭義）　四日市市の役割もかなり大きいとは思いますので、市ともしっかり連携をとりながら、特に霞のあたり、それから、住居と密接している塩浜のあたりの対策というのも、意見交換をしっかりして進めていただきたいと思っています。

今、ソフト面のお伺いをしました。もう1点、私も気になっておることがあって、津波対策が各事業者ごとで遅れているということで、先日も新聞記事にもなったんですが、津波対策をやろうと思うとやっぱり各企業の設備投資をいただかなあかんということで、お金がなかなかかかるから進まないんだというような新聞記事も見たことがあったんですが、例えば県としてこれからこの計画の中に入れ込んでいくにしても、事業者も率先して自らそういった投資をしていただけるという中で、県として、例えばそういうハード面の設備をしていくのに、補助を独自で考えていくだとか、支援の政策を考えていくとか、そういった検討はしておられるのかどうか、そのあたりもちょっと1点、お尋ねさせてください。

後略

■十二回目一般質問（2012年9月28日）

1、みえ産業振興戦略について

①　今後の海外展開戦略について

②　小規模事業者振興条例制定の提案

③　「スマートライフ」の促進による産業振興について

2、いじめ問題への対応について

3、スーパー防犯灯・ミニスーパー防犯灯について

◆29番（稲垣昭義）　昨年10月に、滋賀県大津市でいじめを受けていた中学2年生の男子生徒が自殺をし、教育委員会、学校の対応を含めて大きな問題となっており、その後も各地でいじめに関する事件が報道され、命を落とす子どもたちがいます。このような状況の中、本県においては8月28日に教育警察常任委員会が開催され、本県の平成23年度の児童生徒の問題行動等生徒指導上の諸問題に関する調査結果概要発表と本県のいじめ問題に対する取組が説明されました。今議会でも何人かの議員がこのいじめの問題を取り上げています。

これまで説明いただいているのは、今後の取組として、いじめ問題の未然防止、早期発見、早期対応に向けて児童・生徒に対するアンケート調査を複数回実施することや、いじめや虐待事案を都度、学校や市町教育委員会から報告を求め支援

する体制をつくることや、生徒指導者研修会や管理職研修会でスクールソーシャルワーカーやスクールカウンセラーによる具体的な事例を用いた実践的研修を行うこと、また、インターネット上の事案についても学校問題解決サポートチームを派遣し具体的な対応をすることなどが示されております。

本県のこれらの対応が示された後に、文部科学省では平野大臣が、「これまでの文部科学省はいじめ問題で受け身の対応に終始した、子どもの命を守るために今後は国としても積極的な役割を果たす」と述べられ、9月5日にいじめ、学校安全等に関する総合的な取組方針を発表しました。

まずお伺いしますが、国のこの発表を受けて教育委員会として今後の取組方針で新たに検討をいただいていることがあればお答えをいただきたいと思います。

私は、学校や教育委員会の役割の中でスクールカウンセラーやスクールソーシャルワーカーの役割は非常に大きいと感じています。私が平成21年度第1回定例会でこの問題を議論した当時は、スクールカウンセラーは88名で、小学校、中学校、高等学校、181校で活動いただいており、スクールソーシャルワーカーが初めて導入されたというような状況でした。その後、県として努力をいただき、今議会の代表質問の日沖議員への答弁によると、本年度、スクールカウンセラーは106名で、小学校、中学校、高等学校、313校で活動いただいており、大幅に増やしていただいています。また、スクールソーシャルワーカーは4名配置いただき、8月末現在で、小学校3校、中学校14校、高等学校5校で活動いただいているとのことでした。

国の取組方針でも、これらスクールカウンセラーとスクールソーシャルワーカーの充実は示されておりますが、今後、県としての具体的な取組方針を改めてお伺いしたいと思います。

また、国の取組方針の中で、出席停止制度の検証を10月中に行うとされております。出席停止制度の活用を図るため、その制度活用の問題点や出席停止期間中の児童・生徒に対する学習支援のあり方について教育委員会に対する調査を行い、検証するとなっています。東京都品川区ではいじめを繰り返す子どもへの出席停止制度を積極的に活用する方針を決めたと聞いておりますが、いじめに直面する学校現場では非常に難しい判断が求められるのではないかと感じます。

いじめの構造は非常に複雑な中、例えばいじめを繰り返す子どもがはっきりわかる状況というのは、原因がわかるものであり解決可能な事案であると考えられます。恐らく大多数の事案は、いじめの原因が複雑で簡単に判断できない場合や、被害者と加害者の判断が難しい場合や、子どもたちの問題だけでなくそれぞれの家族も含めた複雑な状況などがあり、原因がわからず対立しているケースなどでは出席停止にすれば余計に現場が混乱するといった場合も多くあるのではないかと考えます。

このいじめ問題への対応は、出席停止のみならず、あらゆる手段を講じて当たらなければいけないと感じますが、現場の苦悩が想像できる中、現場の校長や教師が堂々と対応し、しっかりとした権限のもとに積極的な行動がとれるような支援体制の構築が重要であると考えます。

そこで提案ですが、現場の校長や教師が身近に気軽に法律相談ができる体制を整える必要があるのではと考えますが、御所見をお聞かせください。

〔真伏秀樹教育長登壇〕

◎教育長（真伏秀樹） いじめ問題の対策としまして9月5日、文部科学省から、いじめ、学校安全等に関する総合的な取組方針が示されたところでございます。

その基本的な考え方は、学校、家庭、地域の連携、国、学校、教育委員会の連携、いじめの早期発見と適切な対応と理解をいたしております。

この取組方針を踏まえた国の概算要求の中には、いじめ問題を第三者的立場から調整・解決するために幅広い外部専門家を活用したいじめ問題等サポートチームの配置、それと、スクールカウンセラーの全中学校への配置、それから、スクールソーシャルワーカーの増員などが盛り込まれているところでございます。

中略

県の教育委員会といたしましては国の方針を十分踏まえて、さらにスクールカウンセラーの配置の拡大でございますとかスクールソーシャルワーカーの増員、それと、学校問題解決サポートチームのほうへ、例えば児童精神科医を加えるような形でその構成員の拡充を図るということで、学校のニーズに合った人的支援ができるよう、積極的な検討を今進めているところでございます。

中略

　このサポートチームは、平成23年度には15校、今年度現時点で6校に派遣をいたしまして、学校だけでは解決困難な課題に積極的に対応し、一定の実績を上げているものと考えております。こうしたことから当面は、案件に応じて積極的に弁護士や児童精神科医などの専門家を新たに加える形で学校問題解決サポートチームの拡充を進めていくという方向で検討したいと思っております。さらに、このサポートチームを教育委員会、学校現場の要請に応じて積極的に派遣をする中で、学校ですとか教職員の方のいじめ等の対応で過度の負担とならないようなしっかりしたサポート体制を築いていきたいなと思っております。

定例会（2013年—09月24日）彦坂議員の地域公共交通について関連して質問

前略

○副議長（前田剛志）次に、彦坂議員の質問に対する関連質問の通告がありますので、これを許します。29番　稲垣昭義議員。

〔29番　稲垣昭義議員登壇・拍手〕

かねてから近鉄の内部・八王子線につきましては沿線の出身の議員がたくさんいるということもありまして、これまで鉄道存続を求めてこの議場でも皆さんにお訴えもさせていただいておりましたし、そして、また、議会も、県立高校4校、そしてまた私立の高校1校と沿線にもあるということもあって、鉄道での存続を求める請願というのも全会一致採択をされておる経緯もありました。

そういうことがありまして、これまで近鉄と、それから四日市市のほうでその協議がずっと続いておったわけですが、県のほうもその協議に入っていただいて、去る9月19日に四日市市長と、それから近鉄社長のほうと協議がなされて、公有民営という形で鉄道で存続をさせるというふうな合意が得られたということが発表されておりました。

それを踏まえて、県のほうとしてその合意の中でどういう役割を考えておられるのか、まず、そのあたりをお聞かせいただきたいと思います。

中略

それで、他県の例も幾つか、ちょっと私も調べてみていたんですけれども、例えば養老鉄道については、これまで県の支援はなかったんですが、平成25年から維持修繕費に相当するものとして支援がなされております。

中略

それから、それのほかにも、和歌山電鐵貴志川線というのに関しましては、県の支援内容としては、用地の取得の費用だとか、あるいは国や市と協調補助ということで、分岐器というんですか、これ、そういうものに対する補助だとか、あるいは変電所に対する支援とか、そういったものがなされておりますし、あるいは福井鉄道福武線という鉄道に関しては、県のほうから用地取得の支援だとか、あるいは国との協調補助ということで10年間継続されておるというような例もございます。

さらに、上田電鉄別所線というのに関しましては、国と市との、一緒に県も協調補助ということで9年間ずっとなされておるという例があります。ちなみにこの上田電鉄別所線というのは上田市内のみを走っておる鉄道でして、そういうものに対してもそういう県の役割としての支援がなされておるというのもございますが、これまで長く協議もされておる中で、県として他県のいろんな県が支援をしておる地方鉄道に対する事例というのも調査をされておると思うんですが、そのあたりについて、調査の、今、手元に資料があればお答えをいただきたいこと、それから、そういうのを踏まえて県としてどういう支援の形を考えていくのかということをちょっとお聞かせいただけますか。

後略

■十三回目一般質問（2013年12月2日）

1、南海トラフ巨大地震に備える
①事前復興計画の策定について
②白い小箱運動について
2、国家戦略特区について
3、スーパーグローバルハイスクールについて
4、本県のスポーツ施設の整備について

前略

南海トラフの巨大地震は何年後にやってくるのかわかりません。しかし、確実にやってきます。本県では建物倒壊による死者が約9800人、津波による死者が約3万2千人など、合計約4万3000人が亡くなる可能性があるなど、甚大な被害を受けます。その巨大地震に備えるために、巨大地震がやってきた後のまちづくりを、今からじっくり腰を据えて住民とともに考え始めてもいいのではないかと考えます。

この未来のまちづくりを考えることは、何も自然災害後のまちづくりだけでなく、例えば人口減少社会の中、さらに地域が縮減した後のまちづくりなど、広い視点で考えることにつながっていくと考えます。このように住民と一緒に事前復興計画をつくることは、新たな地域資源を発掘したり、夢を語ることができると同時に、地域の弱点や危険を改めて直視する機会となります。

私は、例えば「美し国おこし・三重」の取組の次の展開として、県が率先して市町や地域で活動している多様な団体、住民とともに座談会を何度も何度も開催して、三重県の事前復興計画、それぞれの地域の事前復興計画を策定する運動を起こしてはと考えますが、いかがでしょうか。御答弁をお願いします。

〔稲垣　司防災対策部長登壇〕

中略

◆29番（稲垣昭義）　ちょっと時間がかかる取組になると思いますので、これは腰を据えて、地域の声をしっかり座談会で吸収するという仕組みは「美し国おこし・三重」の成果の一つかなというふうに思っていますので、ぜひ事前復興計画のハード面も含めたまちづくりの視点からの取組も進めていただきたいと思います。

次に、少し視点を変えて、住民の防災意識の向上のための白い小箱運動についてお伺いします。

平成24年度から一般社団法人日本非常食推進機構と県の防災対策部が協力して、県内各地の防災意識向上のため、個人備蓄を推進する取組として白い小箱運動を展開いただいています。この取組は今年度県内全域でキャラバン活動を行っていただいていることもあり、少しずつ浸透してきているとは思いますが、初めて耳にしたという方もみえるかもしれませんので、実物を持ってこさせていただきました。

こんな白い箱なんですけれども、（現物を示す）この中に飲料水2リットル、アルファ米、氷砂糖など、1日分の非常食と尿とりパッドや防寒シート、ティッシュなどが入っております。仕組みとしては、この箱詰め作業は障害者就労継続支援事業所で行っていただき、でき上がったこの白い小箱を各自治会や企業、個人で購入をいただき、それぞれで保管をいただきます。もしものときは自分で使うことになりますし、他地域で大きな災害が発生した場合は共助物資として提供いただき、被災地に送ることもできます。

このような一連の流れを白い小箱運動と称し、赤い羽根共同募金運動のように全国に広がることを願い、この運動が始まりました。東日本大震災から年月がたてばたつほど、その備えの重要性や危機感は薄れていきます。そんな中、自助の取組を促すものとして、個人備蓄の推進を運動として広げていくことの重要性を感じます。この三重県発の白い小箱運動が全国に広がっていくことを期待したいところです。

そこでお伺いしますが、平成25年度は各家庭や地域において防災意識の向上、定着を図る取組として、白い小箱を活用した啓発活動を県内全域で実施するとされ、キャラバン活動を展開されました。これらの活動で白い小箱運動の芽がようやく県内各地に出てきたことを考えると、来年度以降も継続した取組が求められると考えますが、今後の県の展開をお聞かせください。

もう1点、これら個人の防災意識が向上し、個人備蓄が当たり前のこととして定着するためには、子どものころからの体験、意識づけが非常に重要であると考えます。そこで、提案ですが、各県立高校において、防災対策として災害物資の備蓄が求められている中で、高校入学時にこの白い小箱運動の意味を理解いただき、生徒一人ひとりが手にしていただく取組を行ってはと考えますが、教育長のお考えをお聞かせください。

〔稲垣　司防災対策部長登壇〕

◎防災対策部長（稲垣司）　白い小箱運動の今後について答弁をさせていただきます。

個人備蓄を推進するとともに、県民の皆さんの防災意識を高めるために白い小箱運動を展開してきたわけですけれども、白い小箱の内容についてはただいま議員からも紹介がありましたので、私からは説明を省かせていただきます。

今回昨年度から続けてきた運動の様子を若干お伝えしたいと思います。昨年度と本年度の2年間はもうとにかく何はともあれ、まずは広く県民の皆様に白い小箱そのものを知っていただきたいと、そして、あわせて個人備蓄の必要性を理解していただきたいと、これを目標に運動の趣旨とか、小箱の中身を説明するという目的でこのキャラバンを実施してまいりました。昨年度は市町のイベント会場など、県内21カ所、今年度も既に14市町において実施しております。

私自身も昨年度は九つの市町に出向き、今年度も六つの市町のキャラバンに参加して、自分でもこうだよああだよという説明をしながら啓発活動を行ってきたところです。先ほど議員のほうからも芽が出てきたというお話がございましたけれども、私もその結果、とにかく白い小箱を県民の皆さんに知っていただくという当初の目的はある程度達成できたのではないかなというふうに思っています。

今後は、来年度以降になりますけれども、この白い小箱の存在とか、個人備蓄の必要性を訴えるだけでなくて、その備蓄のあり方そのものをしっかりと県民の皆さんにお伝えしていく必要があるのかなということを、キャラバンをしながら痛感しておるところです。

つまり、何かというと、備蓄、備蓄と言っても、自宅でそれを保管するのか、あるいは避難場所に置いておくほうがいいのか、あるいは自宅に持っていたのをそのまま持って避難場所に移るのかとか、どんなふうにしたらいいのかと。そのことが明確でないと、白い小箱に限りませんけれども、何をどこにどの程度備蓄したらいいのかというのがよくわからなくて、だから、難しいなとか、面倒だな、それが高じてもういいかみたいな、備蓄しないということにもなりかねないということを危惧する次第です。

ですから、県としましては、来年度はそうした点をしっかりと私どもで整理してそれを皆さんにお伝えしていきたいと、お示ししていきたいというふうに考えています。そうした整理を行う中で、白い小箱運動の今後の展開についてもどんなやり方が一番いいのか、一番効果があるのか、そんなことを検討していきたいというふうに考えています。

以上でございます。

〔山口千代己教育長登壇〕

◎教育長（山口千代己）　県立高校への入学者に対する白い小箱を配布してはどうかという御質問にお答え申し上げます。

県教育委員会では、災害時に帰宅困難な児童・生徒及び教職員が学校にとどまることを想定いたしまして、各県立学校が自助により対応できるよう、1日分の水と食料を準備することを求めています。さらに、南海トラフによる巨大地震発生時に津波等の被害により孤立が想定される10校につきましては、2日分を上乗せして計3日分の水と食料を備蓄するよう要請しています。

これまでに各県立学校へ児童・生徒及び教職員の水や食料の備蓄の充実を重ねて呼びかけていく中で、災害物資、白い小箱を備蓄品の候補として、11月7日の県立学校長会議で私ども事務局担当者が紹介をしたところでございます。今後とも学校防災リーダー研修会などの場を通じて、白い小箱について、備蓄食料の候補として紹介をしてまいります。

なお、購入費用につきましては、保護者負担となることから、保護者の理解がどうしても必要になってきますので、三重県高等学校ＰＴＡ連合会との懇談会などでもその趣旨を説明するなどして理解を求めてまいりたいと思います。

以上でございます。

◆29番（稲垣昭義）　文部科学省では、平成14年度から科学技術、理科、数学教育を重点的に行う高等学校をスーパーサイエンスハイスクールに指定をし、理数系教育に関する教育課程の改善、研究開発を行っています。本県では、四日市高等学校が平成15年度から、松阪高等学校が平成16年度から、津高等学校、津西高等学校が平成19年度から、さらに伊勢高等学校が平成24年度からスーパーサイエンスハイスクールの指定を受けました。

また、同じく平成14年度から先進的な英語教育を行う高等学校をスーパー・イングリッシュ・ランゲージ・ハイスクールに指定していますが、本県からは平成14年度に川越高等学校、平成17年度に宇治山田商業高等学校、平成19年度に飯野高等学校が指定されております。なお、この事業は平成21年度で終了しております。

先日の報道によりますと、文部科学省は新たに来年度から語学力とともに幅広い教養、問題解決力等の国際的素養を身につけ、将来的に政治、経済、法律、学術等の分野において国際的に活躍できるグローバルリーダーを育てるため、先進的に取り組む高等学校をスーパーグローバルハイスクールに指定するとされています。

初年度である来年度は100校の指定が検討されており、留学経費や人件費として29億円が予算要求されております。最近若者の海外留学者が減り、内向きになっていることが指摘をされておりますが、広く海外に目を向け、グローバルな視点で物事を考えることは非常に重要なことであり、私は高等学校にてグローバル人材を育てる取組が必要なことだと考えており、このスーパーグローバルハイスクールの取組に期待をしております。

この国が進めようとしているスーパーグローバルハイスクールの取組について、まず教育長のお考えをお聞かせください。

また、来年度からスタート予定というふうになっておりますが、本県の高等学校の指定に向けた取組状況をお聞かせください。

中略

29番（稲垣昭義）それでは、残り時間がなくなってきましたので、最後の通告の本県のスポーツ施設の整備についてお伺いをいたします。

前に予算決算常任委員会の総括質疑でも申し上げましたけれども、皆さん御承知のとおり、平成30年には全国高校総体、インターハイが本県で開催をされ、平成31年にはラグビーのワールドカップが日本で開催をされます。平成32年には東京オリンピック・パラリンピックの開催が決定をいたしましたし、そして、平成33年には本県で国民体育大会、全国障害者スポーツ大会の開催が決まっております。

知事は、本県にとって大きなチャンスを最大限生かすため、来年度中に三重県スポーツ振興条例（仮称）を制定すると表明されました。ぜひ理念条例にとどまることなく、具体的な本県のスポーツ振興に寄与するものになることを期待いたします。

この平成30年から33年のビッグイベントを本県の発展に生かすため、様々な課題がありますけれども、今日はスポーツ施設の整備に関してお伺いをいたします。

県営施設に関しては、平成26年度末で計画期間が終了となる第7次県営スポーツ施設整備方針がありますけれども、これまで7次にわたる県営スポーツ施設整備方針の歴史は、厳しい言葉で言えば本県の施策はスポーツに光を当ててこなかった歴史であると思います。本年3月に県営のみならず市町の施設も含めた、おおむね10年先を見越した三重県スポーツ施設整備計画を示していただきましたが、これから制定される条例とともに本県のスポーツ施策に光が当たるものになることを期待いたします。

これらの施設整備に当たっては、インターハイや国体の会場としての機能や、ラグビーワールドカップや東京オリンピックの各国選手の事前キャンプ地としての機能、さらには県内にJリーグ入りを目指すサッカーチームが幾つか出てきていますが、それらのチームとの連携など、長期的な視点で整備する必要があると考えますが、いかがでしょうか。

また、この三重県スポーツ施設整備計画で市町が行うスポーツ施設整備についての考え方を示していただいており、市町が広域的拠点施設として、施設を新築、改築する場合に補助の対象として一定の支援をすると書かれておりますが、県の支援のあり方を一刻も早く制度設計を行っていただき、具体的な支援の形を示していただきたいと考えますが、いかがでしょうか。御答弁をお願いいたします。

〔世古　定地域連携部スポーツ推進局長登壇〕

◎地域連携部スポーツ推進局長（世古定）　本県のスポーツ施設の整備について御答弁いたします。

県では、今後の県営スポーツ施設の整備や市町スポーツ施設への県の関与のあり方などについて取りまとめた三重県スポーツ施設整備計画を本年3月に策定したところです。この施設整備計画の中で、本県スポーツ施設の状況につきましては、昭和50年の三重国体以来、新たな施設整備が少なく、施設の老朽化が進んでいること、大規模大会が開催できるような施設が少ないこと、プロ野球やJリーグ公式戦が開催できる施設がないことなどの課題を整理しております。

このような課題の解決に取り組む方策の一つといたしまして、市町スポーツ施設に対する県としての支援をこの計画の中で位置づけをしております。その内容といたしましては、全国的なスポーツ大会や交流の場としての機能を持つ、一定以上の規模を有する代表的な施設を広域的拠点施設と位置づけた上で、こうした規模や機能を持った施設を市や町が新築、または建てかえなどにより抜本的な整備を行う場合に、これを補助の対象とし、一定の支援を行うものでございます。
この補助制度につきましては、現在対象となる施設の種類や規模など、支援の内容を検討しているところであり、できる限り早期に制度概要をお示ししたいと考えております。

私がこのように県として積極的に取り組むよう提案した後、2014年3月28日、私の母校でもある県立四日市高等学校が、文部科学省から、平成二十六年度「スーパーグローバルハイスクール（SGH）」に指定された。文部科学省の発表によると全国から二百四十六校が公募申請を行い、その中から、五十六校がSGHに指定された。本県から県立四日市高等学校が指定された意義は大きく今後多くのグローバルリーダーが育つことを期待したい。

■十四回目一般質問（2014年12月4日）
1、三重県の未来、産業政策の新しい展開について
①三重県の航空宇宙産業の取組について
②高度部材イノベーションセンター（AMIC）の可能性について
2、消防団活動協力事業所への優遇措置についての提案
3、三重県発の白い小箱運動の今後の展開について

4、美し国おこし三重の今後の展開について

（稲垣昭義）　高度部材イノベーションセンター（AMIC）の可能性について議論させていただきたいと思います。

AMICは平成二十年三月四日市に開設されましたが、大きな期待を持って私自身も何度もこの議場で議論をさせていただいております。中でも、平成24年9月の一般質問で、四日市コンビナートを石油化学から次世代型コンビナートに転換していくために鈴木知事と議論をさせていただいたときに、知事のほうからは、石油ではなく植物由来の資源を使って化学製品に変える技術や、生産設備であるバイオリファイナリーについてお話をいただき、四日市コンビナートは、石油精製と石油化学産業の歴史的な基盤を持っており、技術、人材、ノウハウが豊富であるため、このバイオリファイナリーの取組を全国に先駆けて進めていける素地があるとの考えを示されました。

その後、四日市コンビナート企業や県内のバイオ関係企業で、みえバイオリファイナリー研究会が設立されています。

先月、私は、第3回AMICセミナーというのに出席をさせていただいて、「セルロースナノファイバーの新たな展開」をテーマに京都大学の矢野浩之教授の講演を聞き、非常に大きな可能性を感じました。

セルロースナノファイバーというと、初めて聞いたという方もみえるかもしれませんので少し説明をしますと、セル

ロースナノファイバーは全ての植物細胞の基本骨格ナノファイバーで、1兆トンの蓄積がある持続的再生可能資源であります。これは、埋蔵原油の約8倍とも言われています。また、その物自体は鋼鉄の8倍の強度があり、強くて軽くて透明であり、パルプからとれるため安価で価格競争力があり、化学修飾がしやすく様々なバリエーションが可能であり、多様な分野に利用できるものです。

様々な用途として、例えば車や船、飛行機などのボディー、あるいは液晶画面等モニターの素材、また、食品関連、これは私も映像で見せていただいて驚いたんですけど、ソフトクリームが、セルロースナノファイバーが入っているとなかなか溶けないとか、溶けにくいソフトクリームがつくれるというような映像も見せていただきました。あるいは、医療関連、これは人工腱とか人工血管など、本当に様々な多岐な分野に今後利用が見込まれます。

写真を持ってきたんですが（パネルを示す）現物を持ってこられないのでその場で撮った写真なんですけど、セルロースナノファイバーであります。去年の3月に、王子ホールディングス株式会社と三菱化学株式会社の共同研究によって世界で初めて、このセルロースナノファイバー、これ、白いんですけれども、これの透明連続化というのに成功して、先ほど申し上げた液晶画面のモニターとかにも透明なものとして使えるという可能性が広がっています。

あるいは、これが、（パネルを示す）これも実物を持ってくるとわかりやすいんですが、セルロースナノファイバーを固めたもので、先ほど申し上げましたように非常に強く、鋼鉄の8倍の強度があるということで、非常にかたい素材になっています。

県としてバイオリファイナリーの様々な研究取組を行っていただいていますが、私は、セルロースナノファイバーのお話を聞き、非常に大きな可能性を感じました。まさに四日市に立地いただいている三菱化学株式会社や第一工業製薬株式会社、そしてJSR株式会社などの企業が最先端の取組を行っています。

そこでお尋ねしますが、まずは、今後AMIＣを活用してどのような産業振興を行っていこうとしているのか、AMICの可能性について知事の考えをお聞かせください。

また、バイオリファイナリーの取組の今後の展開についても考えをお聞かせください。

さらに、先ほど申し上げましたセルロースナノファイバーについては、国の成長戦略に位置づけられ、経済産業省、環境省、文部科学省がそれぞれ来年度予算の概算要求を行っていますが、国の予算の活用も含め、本県として積極的にかかわっていくべきと考えますが、御所見をお伺いいたします。

〔鈴木英敬知事登壇〕

◎知事（鈴木英敬）　私のほうからは前半のAMICの点について答弁をさせて

いただき、後半のバイオリファイナリー及びセルロースナノファイバーにつきましては部長のほうから答弁をさせたいと思います。

まず、AMIСは、オープン以来一貫して、大企業と中小企業、企業と大学等研究機関などの多様な連携による研究開発の促進と、中小企業の技術課題解決、人材育成等を進めています。

研究開発については、大企業及び研究機関を核に県内中小企業の参画による研究開発プロジェクトを構築し、国等の研究開発事業の採択を受け、燃料電池、希少金属代替材料、全固体リチウム二次電池の開発に取り組んできました。この希少金属代替材料というのは、セリウムというんですけど、ガラスとか半導体のスラリーとかいう研磨剤に使うやつで、レアアースなので中国とかからしか入れられないんですけれども、政情不安定で入れられなくなると困るので、これの代替材料をつくろうというものです。新たな研究開発プロジェクトの構築に向けては、新素材や加工技術に関するセミナーの開催や、セミナーテーマ、企業ニーズ・シーズに基づいた、企業間、産学官の連携による研究会を運営するなど、県内中小企業を中心とした研究開発の促進に取り組んでいます。

このほか、長期評価試験機等の貸し出しやコーディネーターの訪問によって中小企業の技術課題の解決を図るとともに、石油化学コンビナートや自動車関連技術に関する講座やセミナー等によって人材育成を進めています。

また、ＡＭ－Ｃは、高度部材産業群が集積する北勢地域においてイノベーションの拠点として期待されているということでポテンシャルを感じておりますので、本年４月に産業立地政策の専門家をセンター長に迎え、機能強化を現在図っているところであります。

一方、国では、シェール革命などによる、石油精製業、石油化学産業のグローバルな構造変化を受け、国際競争力強化のためコンビナート再編の議論が進められており、今後の事業展開の動向にも注視していく必要があります。

このような中、四日市コンビナートのあるべき姿を見据え、当地域の強みである高度部材産業を核とした産業振興を図る上で、ＡＭ－Ｃの役割の重要性はますます高まっていると考えています。このため、「みえ産業振興戦略」アドバイザリーボードのもとに、新たに高度部材やコンビナート再生の検討部会を設置し、地域の企業や大学等を巻き込みながら、具体的なプロジェクトの創出も見据え、ＡＭ－Ｃのさらなる機能強化に向けた議論を進めていきたいと考えております。

議員の御質問のどういう産業をＡＭ－Ｃでということにつきましては、まず、本丸たる高度部材のところをしっかりやるということと、今回は、コンビナートの再生、全体を見据えてやっていこうということでありますので、あらかじめこの業種と決めずに、コンビナート再生にかかわれるような新しい目があればそういうものも研究していきたいと思いますし、コンビナートをもう一回元気にしていくんだという、そこで技術革新を起こしていくんだという観点での産業の集積とか振興というのを図っていくような取組にしていきたいと思っています。いずれにしても検討部会で、なかなか企業の皆さんもいきなり難しいなと思われる方もあると思いますので、そのあたりについてはよく有識者の意見も聞きながら、検討部会を設置して議論したいと思っています。

〔廣田恵子雇用経済部長登壇〕

◎雇用経済部長（廣田恵子）　バイオリファイナリーに関する取組状況、それからセルロースナノファイバーの件について、私のほうから説明をさせていただきます。

県では、バイオリファイナリーが環境・エネルギー問題や食料問題を根底から解決する可能性を秘めていることから、企業が主体となった研究開発プロジェクトの推進を支援することにより、バイオケミカル産業という新たな産業の創生を目指しています。

昨年度は、5月に高度部材・素材を強みとする四日市コンビナート企業を中心とするみえバイオリファイナリー研究会を発足させ、研究会を3回開催するとともに、セミナーを2回開催しました。こうした研究会やセミナーを通じて産学官の間でネットワークを構築し、研究開発プロジェクト化に向けた検討や情報交換を行いました。また、国内外のバイオマスの賦存量、バイオマスを燃料や化学品へ転換する技術などの調査を行い、重油にかわる燃料としてのバイオオイルの開発や、ナノレベルまで微細化した植物繊維のセルロースナノファイバーを活用した軽量・高強度材料の開発といった、今後の研究開発テーマを抽出したところです。

今後とも研究会を中心に最新の技術動向を把握するとともに、昨年度抽出したバイオリファイナリーの研究開発テーマについて、産学官が役割分担をしながら技術開発を進めるため、今年度中の完成を目指してロードマップを作成しており、完成後は目標達成に向けて進捗を図っていくことにしています。

また、セルロースナノファイバーの量産に成功した県内企業と連携し、新たなプロジェクト化を目指すため、国のナノセルロース推進関係省庁連絡会議を構成する農林水産省や経済産業省などの各省庁の施策の動向を注視しつつ、国内外の情報収集に努めたいと考えております。アンテナを高く持って、積極的にこのような事業を活用していきたいと考えております。

さらに、研究会に参加する企業と三重大学による、未利用のかんきつ類からバイオブタノールを製造する技術開発プロジェクトが進められ、7月にベンチャー企業が設立されました。この企業は、コンビナート企業との連携を目指してAMーICへ入居し、実用化に向けた取組を開始しています。今後とも研究会の運営により、企業間での情報交換の場を設けつつ、バイオリファイナリーに関する三重発のプロジェクトを創出していきたいと考えています。

■十五回目一般質問（2015年12月2日）

1、三重県経営戦略会議の議論から

①子育てと教育
②航空宇宙産業の魅力
③医療ツーリズムと南部地域活性化
④幸福実感と新しい豊かさ
⑤増大する社会保障費対応

私は、一般質問登壇のたびに必ず産業政策の項目を入れてこだわって議論をしてきた。特に北勢地域の産業振興については、だれよりも力を入れて取り組んできた。その中で私が最近最も注目し、力を入れているのが航空産業である。

前略

私はこの本会議場で毎回、本県の産業政策について議論をさせていただいておりますが、昨年の一般質問では航空宇宙産業を本県の新しい産業政策の柱にできないかとの議論をさせていただきました。

知事は、三重県まち・ひと・しごと創生総合戦略の中にも航空宇宙産業を位置づけていただき、人材育成のための予算を計上して、取組をスタートしていただいております。

経営戦略会議でも、航空宇宙産業の振興や食の産業振興は特に魅力ある企画であるとの大きな期待もされていました。11月11日には、待ちに待った国産旅客機ＭＲＪが50年ぶりに初飛行に成功しました。本県では三菱重工松阪工場にてこのＭＲＪの尾翼の組み立てと部品の製造が行われるため、新たな産業として大きな期待が高まっています。

一方、日本で最初に飛行機を飛ばした方を御存じでしょうか。大正五年10月5日、初めて日本の空を飛行機が飛びました。この飛行機は玉井式2号機と呼ばれ、玉井清太郎氏によってつくられました。

この玉井清太郎氏は、弟の玉井藤一郎氏とともに日本のライト兄弟と呼ばれ、四日市市浜田の出身です。兄の玉井清太郎氏は残念ながら、その翌年に玉井式3号機で飛行中に墜落、炎上し、24歳の若さでなくなりましたが、その遺志を継ぎ、弟の玉井藤一郎氏によって大正八年、粟津式青鳥号がつくられ、三重郡河原田村から四日市港の沖合、三重村坂部、河原田村、四日市市街、四日市港の築港地区のコースを2巡して、約25分後に無事着陸したと言われています。

この粟津式青鳥号は現在、四日市市立博物館に8分の1の模型が収蔵されており、私は先日、学芸員にお世話になって見せていただきました。模型でありますけれども、実際に飛ぶという話でした。

そういった構造になっているということでありました。

航空宇宙産業という言葉は、私はロマンを感じますが、今から百年前に日本で最初に飛行機を飛ばした人が四日市出身であったということはさらなる魅力をかき立てます。今後の航空宇宙産業の取組地区として、三菱重工松阪工場を核とした松阪地区はもちろんでありますが、技術力の高いものづくり企業が多く立地する四日市において、また、玉井兄弟の生まれた四日市にて飛行機の部品をつくるということは非常に夢がある取組ではないかと思います。

現状を見てみると、アジアNo。1航空宇宙産業クラスター形成特区に残念ながら四日市市は入っておらず、また、みえ・航空宇宙産業推進協会に四日市のものづくり企業の参加が少ないように感じます。県と四日市市が一体となって取り組むことを期待いたしますが、知事の御所見をお聞かせください。

〔鈴木英敬知事登壇〕

◎知事（鈴木英敬） 航空宇宙産業の振興を図るため、四日市市での取組を進めるべきではないかということの答弁をいたします。

国産初の民間ジェット旅客機MRJが、2008年の開発本格着手から約7年の期間を経て、ついに11月11日に秋晴れの大空を飛びました。国内で国産旅客機が開発、製造されることは日本の航空機産業の新たな幕開けであり、今回の初飛行の成功によりMRJの量産化に向けた動きが加速することを期待しております。

航空機は300万点を超える部品で構成され、機体やエンジンの製造だけでなく、装備品や保守なども含めると極めて裾野が広く、多くの企業にビジネスチャンスがあります。また、企業が航空宇宙産業で求められる高い加工精度や品質管理に対応できる力を備えることで、既存の事業との相乗効果が発揮できるメリットがあります。

こうしたことから本県は、航空宇宙産業を、自動車産業、電子・電機産業、石油化学産業に続く産業の柱とすべく、今年三月、みえ航空宇宙産業振興ビジョンを策定しました。ビジョンでは、今後五年間で三十社の新規参入もしくは事業拡大を目標とし、これを実現するため今年度から、人材育成、参入促進、事業環境整備に産学官金で取り組んでいます。

具体的には、人材育成について、国の地域創生人材育成事業を活用し、求職者を採用してOJTを行っている企業からは、人材の確保、育成に苦労している中、育成カリキュラムを作成し、計画的な取組ができているとの声があるなど、県内で航空宇宙産業を支える人材が育っています。

また、トビタテ！留学JAPANの制度を活用している学生から、これまで知らなかった航空宇宙産業の魅力に気づいたとの声を聞いています。その中で、アメリカへ留学している学生が今月、昨年のアメリカミッションで関係を構築したサンアントニオ市の航空宇宙関連企業を視察することになっています。

参入促進については、航空宇宙産業特有の認証制度であるJＩＳＱ９１００やＮａｄｃａｐの取得を検討する企業向けのコンサルティング事業の募集を行ったところ、これまで航空宇宙産業にかかわったことがない企業からも将来を見据えた応募があったり、全国でも取得企業数が少ないＮａｄｃａｐへの挑戦を検討する企業が出てくるなど、航空宇宙産業に対する関心の高さがあらわれています。

事業環境整備については、ジェトロと連携して、航空宇宙産業を対象に海外企業との企業間ネットワークや商談などを進めていくこととしています。来年2月には県内企業がワシントン州及びサンアントニオ市を訪問し、航空機産業の企業訪問や交流会を開催する予定です。

四日市地域の企業の状況ですが、人材育成事業として、今月からＡＭＩＣにおいて、異業種からの新規参入をテーマとして、中日本航空専門学校と協働して生産技術者育成講座を開催することとしており、四日市の複数の企業からも応募をいただいているところです。また、来年二月のアメリカへの経済ミッションにも四日市の企業が参加する予定です。

四日市には、航空宇宙産業と親和性の高い自動車などのものづくり産業が集積しており、航空宇宙産業が求める製造コスト低減や部品軽量化の取組で実績を持つ企業が多数存在します。ＭＲＪは、翼や胴体は国内で生産されるものの、エンジンや飛行制御システム、電源システムなどの重要な装備品は海外企業に頼るなど、現在3割にとどまる国産比率の上昇が課題と言われています。この課題に対応するためには、長期的な視点に立ち、装備品等を担える企業を育てていく必要があります。自動車部品において幅広い素材に対応できる強みを持つ四日市の企業群にはこの点でも大きな可能性があり、県と市が連携して、1社でも多くの企業が航空宇宙産業へ参入できるよう支援していきたいと考えています。

〔28番　稲垣昭義議員登壇〕

◆28番（稲垣昭義）　知事のほうから、県と市が連携をして一社でも多くの四日市の企業もというお話もいただきました。

確かに今のアジアNo.1航空宇宙産業クラスター形成特区は、既にそういう産業、航空宇宙産業に携わっている企業がいるところがという話で、四日市市は今の段階では入っていないという御説明もいただいておりますけれども、これからそういった新たな担い手、新たに取り組んでいただける企業は、やっぱりしっかりと県からも市からも働きかけをしながら、それだけの力がある企業がたくさんあるというふうにも思っていますので、ぜひ取組をしていただきたいと思いますし、（資料を示す）こういう表をもらって四日市のところだけがぽこっと白くあいていると産業都市四日市としては非常に寂しい気がいたしますので、ぜひその取組をこれから力を入れてやっていただきたいなというふうに思っています。

先ほども申しましたように、日本で初

めて飛行機を飛ばしたという方が四日市出身だということを、やっぱり先人に恥じないように我々は仕事をしていく必要があるのかなというふうに思っていますので、ぜひこれからの知事の取組にも、これまでにも増してまた期待をさせていただきたいなというふうに思っております。

それでは、次に、医療ツーリズムと南部地域活性化について質問をいたします。

医療ツーリズムに関しては多くの委員からこの経営戦略会議の中で提案がされており、まず御紹介をさせていただきます。

海外の看護師を積極的に受け入れ、日本以外の医師免許でも開業が可能にするなど、医療特区で高齢者を集めてはどうか、あるいは、東南アジアの富裕層向けの人間ドックなどでほかから人を呼ぶ政策を行い、医療ツーリズムのモデルをつくっていってはどうかといった意見や、大規模な医療センターを設けて、年間世界で６００万人と言われている医療ツーリストを取り込む施策を考えてはどうかとか、アメリカのアリゾナ州にサンシティーというまちがあり、そこでは医療・介護体制が充実していて高齢者が安心して暮らせるかわりに、多くの高齢者が医療機関と死後に脳を献体する契約を交わしている、そのため脳の標本数が豊富なサンシティーではアルツハイマー研究に関する最先端の研究機関が集積し、全米から多数の寄附も寄せられている、このような安心して死ねるまちというスローガンもありではないかといった意見、このような提案がなされております。

　豊かな自然や豊富な食材がある本県において、さらに魅力的な医療を提供することによって海外からの人間ドックなどの医療ツーリストを招くことは、非常に可能性のあることだと考えます。

　過去の県議会での議事録を見ると、平成16年第1回定例会で私は観光医療産業を本県で展開してはどうかと提案をしており、当時の答弁は、石垣副知事が農林水産商工部長の立場で、観光と予防医療のヘルスケアの連携については今後研究するとともに、すばらしいメニューとかプランづくりを進めていくことによって新産業が生まれてくる、戦略的にそれをつくり出していくことは可能だと思っておりますと、夢のある答弁をいただいております。

　あれから十年がたち、伊勢志摩サミットの開催が決まり、世界から注目を浴びる本県がポストサミットの取組として、また、南部地域活性化のために、この医療ツーリズムは非常に魅力的な取組になるのではないかと感じますが、御所見をお聞かせください。

〔佐々木孝治健康福祉部医療対策局長登壇〕
◎健康福祉部医療対策局長（佐々木孝治）　医療ツーリズムについてでございますが、また夢のあるお話かなとは思います。
　ただ、議員も御承知のとおり、本県といたしましては他県と比べて医師や看護職員といった人材の確保などが課題となっており、まだそういった医療支援が限られていると、そういった中で、県民の皆様が住みなれた地域で安心して暮らしていただけるよう地域医療提供体制の確保が今は急務となってございます。こうしたことから、私どもとしましてはまずはこれらの課題の克服に注力してまいりたいと考えております。

今、ポストサミットの文脈で御質問いただきましたが、もしこれを仮により幅広い意味での国際的な人的な交流という意味で捉えますと、今、当県では、三重医療系大学サイエンス・コラボレーション・リーグ、ちょっと長くて舌をかみそうなんですけれども、M-MUSCLE協議会と呼んでいますが、この有識者から成る協議体の中で、医療分野におけます国際連携のあり方について議論を行っているところでございます。

その取組の一つとしては、この去る7月でございますけれども、国際的な視野を持った看護職員の育成を目的といたしまして、イギリスの病院などと、研修の受け入れに係る覚書、MOUを締結したところでございます。

これは三重からイギリスに行っていただくんですけれども、先ほど申し上げました M-MUSCLE 協議会の中では、今はいいけれどもいずれは外国から三重に来ていただいて、三重県の医療のよさを知っていただくとともに、三重県のよさも知っていただければというようなお話もいただいておりますので、こういった御指摘も踏まえながら、また、ポストサミットをにらみながら、医療分野における国際連携の展開を検討してまいりたいと考えています。

以上です。

〔田中　功雇用経済部観光局長登壇〕

◎雇用経済部観光局長（田中功）　インバウンドを進める上で医療ツーリズムについての考え方について御答弁申し上げます。

三重県への外国人旅行者の誘致、インバウンドに取り組む上では、対象国・地域の傾向を的確に把握し、本県ならではの魅力を効果的に発信していくことが重要です。

外国人旅行者が本県の医療機関で人間ドック等を受けていただき、それにあわせて、例えば食など、本県の魅力を体験していただくことは、インバウンドの一分野としても考えられますが、そのためには受け入れ体制の充実が必要となります。

インバウンドの推進につきましては、忍者、海女などの観光コンテンツや食など、本県の持つ強みを前面に押し出し、重点国・地域を中心に展開してまいりたいと考えております。

後略

第Ⅳ編　一人の市民が議員になるまで
若い力で得た、落選と当選のありがたさ

1、はじめての立候補で落選（1999年）

1999年4月の三重県議選に立候補した。当時、私は二十六歳。誰かの地盤を引き継いだというわけではなく、完全に自主的な立候補だった。私の周辺の人々は、恐らく、無謀な挑戦と思っただろうが、とにかく、前の年の八月に、それまで勤務していた三重銀行を退職。中学校や高校時代の友達など応援してくれる同世代の仲間とともに、議員に向かってスタートした。

しかし、選挙というのは全員が初めて体験のため、どうしたらよいのか、さっぱり分からない。とにかく、選挙のルールを学び守る必要があるということで、最初にはじめたのは、公職選挙法の勉強会であった。ところが、これを見ると、びっくり。これをやっては駄目、あれをやっては駄目、などなど、禁止事項がいっぱいなのである。

この公職選挙法のもとでは、選挙運動ができるのは、選挙の投票日が告示されてからで、選挙の投票日は、県議会議員の場合、通常投票日の九日前に告示されるため、選挙運動ができるのはこの期間（九日間）だけということになる。しかし、それだけの日数で、立候補を表明し、選挙運動をしたとしても、有権者には名前すら知ってもらえない。そこで、実際には、その前から、自分の名前を知ってもらい、この三重県をどのようにしたいかという自分の思いを有権者の皆さんに伝えることが必要ということになる。これは公式には選挙運動ではなく、一般的には、政治活動といわれているが、この政治活動をするためには、自分の政治団体あるいは後援会をつくることが必要である。なぜならば、その会員の人たちに、自分の考え方を示す活動、あるいはその会員を拡大する活動であり、選挙運動ではないというわけである。

そうした公職選挙法の縛りのもとで、私は仲間と共に後援会をつくろうということになり、八月末で三重銀行を退職すると同時に「いながき昭義と明日の三重を考える会」と「昭友会」という二つの団体を選挙管理委員会に届け出をした。後援会と資金管理団体を二つ届ける必要はなく一つでも良かったのだが当時は良くわからなかったので、後援会として「いながき昭義と明日の三重を考える会」資金管理団体として「昭友会」を届け出した。後援会は届け出たものの後援会長もいない、会員は一緒に戦ってくれる同級生たち数十人のみからのスタートだった。

「チラシ」の作成と配布

私がなぜ議員になろうとしているのかを伝えたいということで、まず、やったのは街頭演説用のハンドマイクの購入と「いながき昭義10の考え」というチラシの作成であった。これまで考えていた私の思いをまとめ10種類のチラシを作成した。ちなみにこの時購入したハンドマイクは十四年経った今でも街頭演説で使用している。

次は、このチラシをどのようにして有権者にみてもらうかであった。駅前に立って、これを配ろうということになったが、これが、なかなかの難題であった。出勤通学時の人々は、みんな、忙しいということもあるのだろうが、こちらを「ちらり」とは見るものの、すぐに目をそらしてしまうのである。あるいは、〝奇異な目〟で見る人も多かった。当時は、都会では朝駅に立ち街頭演説を行う議員（候補者）はいたが、地方ではめずらしく、四日市市では選挙期間中ではない普段に、駅前に立つという議員（候補者）はほとんどいなかった。そういう人たちに蛮勇をふるって「チラシ」を渡そうと思っても、無視されることが多かった。それにも関わらず同級生たちが出勤前や夜勤明けに毎朝付き合ってくれて「いながき昭義10の考え」の配布を手伝ってくれた。また、私自身の街頭演説は最初はハンドマイクを持つとうまくしゃべれず、たどたどしい演説であったが毎朝しゃべっていると恥ずかしさや緊張も少しずつなくなり慣れてきた。街頭演説をするのは、大変な度胸を必要としたが議員を目指すうえでは大切な経験であり今でも私の政治活動の原点である。

「いながき昭義10の考え」は今でも大切に残してあり自分の原点を確認するため時々読み返すようにしている。私が書いた文章に仲間たちがあまり堅苦しくならないようにとイラストを考え、下記のタイトルをつけてくれた。

1、未来を見つめる政治にバトンを
2、合い言葉はＮＰＯ
3、六十歳からの人生・夢プラン
4、「ガキ大将」のいる地域づくり
5、世界のふれあい交差点・三重
6、時代をのりきる企業のために
7、災害に勝つ街づくり
8、今日のゴミは明日の資源～ゴミとのつきあい方～
9、公的な臍帯血バンクの設立
10、地方らしさ・三重の誇り

ロウソクの明かりで座談会

毎朝街頭に立つだけではなく座談会を開こうという機運も応援仲間から出てきた。面と向かって、有権者に私の思いを話すことができる。これが座談会である。私の考えに納得してもらえれば、支持者になってくれる。その代わり、相手から、厳しい批判があり、追求がある。これに上手く応えることができなければ、「あれは駄目だ」ということになってしまう。このため、座談会はなかなか勇気の要ることであるが、まだ20代の私は何とも思わず、座談会に突入した。

初めての座談会は、伊勢茶の栽培が盛んな水沢で開くことになった。水沢に住む友達が周辺の方々を自宅に集めてくれたのである。この日は台風が襲来。朝から天気が大荒れであった。電気も止まり、道路の信号機も消えていた。その中を車で友人宅に向かったが、これでは座談会は中止だなと考えていた。ところが、友人宅に着くと、何と、近所の方々が集まってくれているのである。思わず、胸がジーンとなった。もちろん、電気はついていない。明かりはロウソクの灯。その弱い光の、しかし、何とも暖かみのある光のもとで、私の生まれて初めての座談会がはじまった。十数人の人々が座ってくれていたが、すべての人が私より年長である。そういう人たちに向かって話をするのであるから、いくら落ち着こうと自分の気持ちを静めても、ついつい頭に血がのぼってしまう。しかし、ロウソクの灯の効果だろうか、私のうわずった話をみんな熱心に聞いてくれた。そのため、漸く、気持ちも静まり、落ち着いて話ができるようになった。

生涯忘れることのない初めての座談会を皆さんの温かさで無事に終え、座談会の度胸が付いた。その後、選挙まで週末ごとに数十回と座談会を開いた。数を重ねるごとに私自身落ち着いて、熱い思いを話しすることができ、同級生たちの真っすぐな支援のお願いも参加いただいた方々の心に響き始めた。座談会を重ねるごとに支援の輪が広がっていくのを感じた。

〝寸劇〟風の演説会

私が立候補したのは三重県の四日市市であったが、ここでの競争相手候補は、みんなベテランで、各党の大物や強い組織力を持つ方ばかりであった。もちろん私が最年少であった。その特権を活用して、「若い有権者を引きつけよう！」ということになった。若い人が投票すれば、ベテラン議員よりも、私の票が増えると皮算用したのであるが、しかし、若い人たちは、政治に、選挙に関心を持っていない。そういう人たちをどうやって選挙に引きつけるか。これは大問題であった。そして思いついたのが、寸劇のような演説会を開こうということであった。

クラーク博士や織田信長、バカボンのパパなど歴史上の人物や漫画のキャラクターが登場して私に質問をして私がそれに答えるというものであった。通常演説会というと応援弁士がずらりと並び候補者のことを話し支援を訴えた後、本人の演説といった形式で行われるが、当時は私の応援弁士をしてくれる地域の実力者や国会議員、市議会議員などもいなかったためお面をつけた偉人やキャラクターが応援弁士をつとめるような演説会を行った。この二十代限定の演説会を「Dream 21」というタイトルで行った。この企画は二十代の人たちが政治に関心を持つきっかけになったと思うが、今でもこの時の演説会の思いを継承するため私の発行する会報やメルマガのタイトルは「Dream 21」である。

選挙運動、選挙事務所

投票日がついに告示された。さあ、これから、大々的な選挙運動の始まりである。私たちは、原則的に、それまでの政治活動をそのまま引き継ぐ形で、地道に選挙運動をした。今の選挙制度では選挙期間（県議会議員選挙の場合は9日間）の前の政治活

動が重要であり、選挙期間は、街宣車活動や個人演説会、電話作戦などやれることは限られている。街宣車には運転手とウグイスが乗り込み政策を訴えるというよりは候補者の名前の連呼をするものである。ウグイスは女性である場合が多いが私の場合は同級生たちが会社の有休を取って集まってくれていたため女性のみではなく男性も乗り込みマイクで私の名前を連呼した。この街宣車が候補者の名前を連呼することには批判がつきものであるが、車から訴えるため政策を長く話していても聞いている側からみれば何を言っているのか良くわからないとなることもありどうしても名前の連呼になる。またウグイスも真剣になり気持ちが高まれば高まるほど候補者の名前を覚えてほしい、候補者に一票入れてほしいとの願いからどうしても名前の連呼になってしまう。ちなみに選挙の度に私の街宣車が心がけていることは、走行中は基本的に名前の連呼とワンフレーズ、信号等で停車した時に私が取り組んできた、あるいはこれから取り組む政策を簡単にまとめたものを少し声のトーンを落として読み上げるというやり方をしている。

今では私は選挙の時、街宣車に乗ることはほとんどなく、企業の朝礼、昼礼、各団体の会合、ミニ集会をまわ

りながら街宣車とは別行動で一人でも多くの方と握手をするためにまわっているが、当時はそのような予定もほとんど入らないため私も街宣車に乗り込み街宣車から訴え続けた。当然選挙戦が始まって二日目には声がかれて出にくくなり皆に心配されたことを覚えている。

個人演説会は、これまでの政治活動で座談会をしてきた地区など応援してくれる人が比較的多くいてくれそうな地区に限定しようとの声もあったが、私は県会議員に立候補して四日市市全域が選挙区である以上すべての地区で個人演説会をすると決めていて毎晩四会場ずつの予定を組みすべての地区をまわった。会場によっては来場者五人という会場があったり知り合いばかりの会場があったりしたが私は声を振り絞って全身全霊を込めて訴えた。今でもこの時の私の個人演説会の話を懐かしくしてくれる支援者の方々がいることを私は誇りに思いうれしく思っている。

選挙事務所については、土地を借りてプレハブ事務所を建てた。選挙にお金がかかるとよく言われるがこの事務所にかかる費用が非常に大きいといえる。ちなみに最初の私のこの選挙は三重銀行を退職して九月から活動を開始して選挙戦までの約八か月間で約一千万円の費用がかかった。その多くは事務所にかかる費用と、印刷物にかかる費用、郵送代、看板や街宣車などの製作費などである。これだけのお金を26歳の私が持っている訳はなく、この大半をちょうどサラリーマンだった父がこつこつ貯めたお金に支えられた。また本当に多くの方から個人献金で支えて頂いた。私が選挙に出ると言った時、多くの方からお金はあるのかと聞かれた。県会議員選挙は最低三千万円はいるぞと言われたことを考えると私の選挙はお金のかからない選挙であったのかもしれない。当時は選挙事務所荒らしがあると言った話をよく聞いたため私の選挙事務所では簡易ベッドを置き同級生たちが夜当直制で泊まることにした。毎日夜遅くまで会議をして、当直もあったが、皆20代だったためあまり苦にならずむしろ楽しんで選挙をやっていたのではないかと思う。

投票日；涙の握手

いよいよ、投票日。この日の天候は晴れ。私は朝から、初めて自分の名前を書く投票を済ませ、落ち着かないため選挙事務所に向かった。事務所には投票を済ませた同級生たちが同じように落ち着かないため事務所に集まってきていた。初めて選挙に行ったという者も多く選挙についてたわいもない話で盛り上がっていた。夜の開票を迎えるため事務所を片付けることとともに、投票依頼電話なら投票日当日もしてもいいため最後まで電話をしようと皆がそれぞれの携帯電話に入っている自分の電話帳に順番に電話をしはじめた。仲間たちと一緒にここまでやった選挙は私の中では完全燃焼でこれ以上はできないと思える充実したものであった。

二十時に投票時間が終わると、いよいよ開票を見守ることになる。最終的に、私に投票してくれた票数は1万2431票であり。これは大変な数だ。人生経験の乏しい、たかだか二十六歳の若造の私に、1万2000人を超す人々が投票してくれたが、しかし、残念ながら、最下位の当選者に四百十六票足らず落選となった。

選挙事務所に深夜まで残ってくれた多くの人たちに、顔向けができない心境だったが、私は、虚勢を張って、「歴史が変わる瞬間を皆さんと見たかった」と挨拶。全員と握手を交わすと涙があふれ出た。

敗戦後の四年間

選挙の後、私は脱力感で一杯だったが選挙の後片付けをして、これからどうしようかということを考えていた。自分の中では完全燃焼だったため勝てると信じていたが、負けたにも関わらず、終わってみると多くの方からよくあれだけの票を取ったと言われ、もう一回四年後に向けてがんばろうとの励ましをいただいた。今から思うと、何にもない所から26歳の人間が挑戦し、１万２４３１人が「稲垣昭義」と名前を書いてくれたことはすごいことだと思う。現在、四日市選出の県議会議員は非常に若返っており、四日市市議会議員にも三十代が多く当選するようになっていることを考えると、この時の私の選挙の影響は非常に大きいと感じ大きな意味があった選挙だったと思う。

多くの方から励まされ、四年後再挑戦出来るものならやりたいとの思いはあったが、銀行を退職して無職であったため、とにかく四年間何をして生活するかを考えることが最優先であった。選挙のお礼まわりをしていると何人かから「時間があるなら、うちの子に勉強を教えてやってほしい」と頼まれたことから、学生時代にアルバイトで学習塾の講師を経験していたので、まずは、小中学生の家庭教師を何軒か引き受けた。四年後再挑戦をしようと思うとどこかの会社に勤めても数年でまた辞めなければいけないため就職するわけにはいかない。お金もない、四年後選挙できる体制を作れるかどうかも分からない中、非常に悩んだが、再挑戦に向けてまずは四年間生き抜こうと決意し、学習塾を立ち上げることにした。学習塾の場所は自分の地元ではなく選挙で自分が弱かった地域に学習塾をつくることにした。半年間のお礼まわりを終え、九月一日から学習塾をスタートした。名前を「創志塾」とした。「創志塾」を立ち上げて約一年が経ち、昼間教室が空いているのを有効活用したいと考えパソコン教室を始めることにした。実は私はワープロ専門でパソコンを使ったことがなかったが、選挙中の資料等がワードやエクセルで作成されていて同級生達の中でパソコンが出来る者がやってくれていたが選挙後は、その者たちに頼ることはできず自分でやらなければいけないため独学でパソコンを覚えた。また当時インターネットの時代が来ると感じていたため月々の費用は痛かったがインターネットを引きホームページを作ったり、メールをやり始めたりした。そんな時代であったこともあり、私は自分自身がパソコンが全く分からない中から始めたため、パソコン素人の気持ちがよく分かるため素人のためのパソコン教室を始めようと考えた。友人たちはパソコンが全く出来なかった私がパソコン教室をやることに驚いたが、「パソコン寺子屋創志塾」と名前を変えて、学習塾に加えてパソコン教室も始めた。パソコン素人向けのパソコン教室は結構好評であった。高齢者の方や主婦の方が多く来ていただいていたが、今でも先生にパソコン教えていただいたと言われることがありうれしく思う。また学習塾の教え子たちもたまにまちで顔をあわすこともあり成長した姿を見られることは喜びである。

「パソコン寺子屋創志塾」と共に私が四年間の間に立ち上げたものにNPO法人三

重県フリーマーケット協会がある。私は選挙の時に、ＮＰＯ法が出来てこれからは市民活動の広がりに加えて、日本でも欧米のようなＮＰＯ法人をしっかりと育て地域に根差すようにしていきたいと訴えていた。四日市は「市」のまちである。リサイクル等環境問題を考え新しい「市」の形である「フリーマーケット」を四日市のまちのシンボル的なイベントにしていきたいとの思いを込めてＮＰＯ法人を設立した。私は、ＮＰＯ法人はボランティアではなく、企業であり、欧米のＮＰＯ法人のように事業収入を得て、そこから給料をもらい仕事として成り立つものにしなければいけないとの思いから、理事長には四日市で経営者として卓越した手腕を発揮されている方にお願いに行き就任いただき、私は専務理事を務めることになった。当時まだＮＰＯ法人という言葉があまり普及していない中、四日市ではかなり最初にできたＮＰＯ法人であり、私は申請書類等を自分で作り、手続きも自分でしたため、その後、多くのボランティア団体や市民活動団体からＮＰＯ法人にするかどうかの相談を受け、実際に多くのＮＰＯ法人設立のお手伝いをさせていただいた。

ＮＰＯ法人三重県フリーマーケット協会の活動としては、近鉄四日市駅西の市民公園での毎月第一日曜日のフリーマーケット開催、年二回の四日市ドームフリーマーケットを事業の柱に、その他単発で多くのフリーマーケットを開催してきた。私が県議会議員になってからは、私の後継者がこの活動を継続してくれていて、四日市ドームフリマや、市民公園フリマはかなり定着し、四日市のシンボル的なイベントになってきている。

ＮＰＯ法人三重県フリーマーケット協会でフリマを中心に様々なイベントを行うようになった頃、四日市市が行政改革の流れの中で緊急雇用対策を兼ねて、大四日市まつりと四日市花火大会を民間委託すると発表した。行政主導のまつりではなく市民主導のまつりに切り替えていきたいといった方針が示された。私は、ＮＰＯ法人三重県フリーマーケット協会でその委託事業に申込み私たちのプロポーザルが認められ、二年間、大四日市まつりと四日市花火大会の事務局を担うことになった。緊急雇用対策ということから、四人を雇用し、二人は半年で交代するといった仕組みであったが私は初めて人を採用することを経験し、また四人のスタッフをマネージメントする立場になった。

大四日市まつりは、「おどりフェスタ」といわれるおどりのイベントと「大入道」をはじめとするからくりだし等が出演する「郷土文化財行列」、そしてたくさんのチームが出来て広がりをみせる「諏訪太鼓」の三つが大きな柱である。過去にさかのぼると、四日市祭は諏訪神社のまつりとして秋に開催されていたが、港まつりと七夕まつりと四日市祭を一つにして八月の第一週の土日に大四日市まつりを開催することになった経緯がある。私は二年間この大四日市まつりの運営に関わる中で、だしの関係者や諏訪太鼓の関係者、おどりの関係者などと何度も突っ込んだ議論をしてきた。歴史と伝統を大事にしながら新しいものを生み出していくことの難しさと楽しさを感じていた。私は市民主導のまつりということで、四日市青年会議所のメンバーの力も借りて「21世紀の四日市まつりを創る会」を立ち上げ、市民の様々な声を聞きながらどんなまつりにして行きたいか多くの声を聞かせていただいた。これまでの、「おどりフェスタ」「郷土文化財行列」「諏訪太鼓」の三本柱をしっかりとやり、更に新しい挑戦として二つのことを行うことにした。一つは、今まで三滝通りが大四日市まつりのメイン会場であったが、最も人通りが多い中央通りにまつり会場を変えること。二つ目は、「おどり」、「だし」、「太鼓」の融合したイベントを行うことであった。

中央通りをまつりの会場にするには、交通規制の関係で警察との協議や、たくさんのスタッフが必要になりボランティアスタッフをたくさん集めたりと大変であったが、実現することが出来た。しかし残念ながら非常に多くの労力を使うことから私たちが委託を終えた翌年以降は中央通りで開催されることはなく元の三滝通りに戻って現在に至っている。また、「おどり」、「だし」、「太鼓」の融合イベントについては、「邂逅～めぐりあい～」という名前で実施をした。この「邂逅～めぐりあい～」については、中身は少しずつ変わりながら今でも大四日市まつりの重要なイベントの一つとして定着してきている。

四日市花火大会については、有料観覧席を作ってはどうかとかメモリアル花火で個人協賛を募ろうなど様々なアイデアを出し議論したことを覚えている。四日市花火大会は四日市港で行うことから安全に大会が行われるようガードマンやボランティアスタッフの方々に協力をいただき運営した。協賛金がなかなか集まりにくく花火大会をなくそうといった議論もあったが、私は多くの四日市市民が夏の風物詩として楽しんできた花火大会をなくすことは今でも絶対に反対である。

この大四日市まつり・四日市花火大会事務局を二年間担わせていただいたことは、私自身多くの経験を重ねることができ、貴重な学びとなった。また特にまつりに関わっている方々は熱い方が多く、まつりが大好きな方が多く、素晴らしい出会いをいただいたと感謝している。

私の四年間の浪人生活は、パソコン寺子屋創志塾とNPO法人三重県フリーマーケット協会と大四日市まつり・花火大会事務局の三つの事務所を飛び回り非常に充実した四年間であった。生活は苦しかったが今から考えるとこの四年間は私にとってかけがえのない四年であったと思う。変な言い方であるが、今から考えるどもう一度大学四年間をいただいたような得した気分になるくらい中身の濃い学びの期間であったように思う。

2、仲間の激励　―そして　県議に当選―（2003年）

仲間に支えられて再び立候補

　敗戦から四年間本当に多くの方々に支えられ、私は三十歳を迎え再び県議会議員選挙に挑戦することになる。私は六月十日生まれであるが、三十歳の誕生日を仲間たちがサプライズ誕生パーティーを開いてくれた。学習塾の授業を終えて帰宅すると多くの仲間が我が家に集まりドッキリ企画をめぐらせた誕生パーティーであった。私は正直感動し、今でも忘れることが出来ない幸せな思い出である。その時のDVDは私の宝物である。こんな仲間たちに四年間継続して支えられた。

　2003年四月の三重県議会議員選挙は四日市選挙区の定数は八から七に一議席削減されることが決まった。前回落選した私には非常に厳しい状況であったが四年前と同様に夏から選挙に向けた政治活動を同級生たちと一緒にスタートさせた。

選挙・政治活動の工夫

　前回一緒に戦った同級生たちに新しい仲間が加わり選対をつくり、最初にポスターを四日市市内全域に貼ろうということになった。公職選挙法では、個人のポスターは選挙の六か月前からは貼ってはいけないということになっている。一方政党ポスター（いわゆる二連、三連ポスターというもので、党の名前と弁士の写真と自分の写真が三分の一ずつのスペースに分かれているポスター）は選挙告示日まで貼り続けることが出来る。この制度をみても政党に有利なように制度が出来ていると感じるが私は無所属のため政党ポスターを貼ることは出来ない。私たちは個人のポスターをつくり、4月上旬が選挙であることを考えると六か月前の十月上旬まで貼ることができるため、夏の暑い中、同級生たちと週末の度に集まり四日市市内全域に私のポスターを貼った。二千枚以上のポスターを皆の協力で貼ってもらったことで、今回も稲垣昭義は選挙に出るぞという強い意志を多くの有権者に示すことが出来た。

　一方、前回行った座談会は、「21世紀の提言」というタイトルで九月から選挙までの間で百か所以上行った。座談会に来てくれる人の数が四年前と比較にならないくらい多くの方が来ていただき、四年間待っていたという激励をいただいた。私は県議会議員に当選してからもこの定期的な座談会は続けているが、どの会場でもこれだけ多くの方に集まってもらうことがないくらいこの「21世紀の提言」はすごい数の方に聞いていただいた。

個人ポスター貼りからスタートした再挑戦の政治活動は、前回同様に、座談会と街頭演説で「21世紀の提言」を配布し訴え続け選挙戦を迎えた。選挙期間の九日間は特に大きな工夫や新しい試みはせず、むしろ個人演説会は市内全地区をまわり四年前と同じ会場で行うことにこだわった。

確かな手ごたえを持って私にとって二度目の充実した選挙戦を終えた。

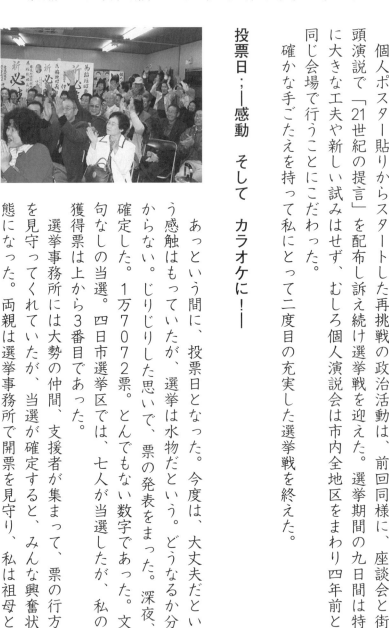

投票日：—感動　そして　カラオケに！—

あっという間に、投票日となった。今度は、大丈夫だという感触はもっていたが、選挙は水物だという。どうなるか分からない。じりじりした思いで、票の発表をまった。深夜、確定した。1万7072票。とんでもない数字であった。文句なしの当選。四日市選挙区では、七人が当選したが、私の獲得票は上から3番目であった。

選挙事務所には大勢の仲間、支援者が集まって、票の行方を見守ってくれていたが、当選が確定すると、みんな興奮状態になった。両親は選挙事務所で開票を見守り、私は祖母と

妻と一緒に自宅で開票を待っていたため、当選が確定した後、祖母と妻と一緒に選挙事務所に向かった。深夜にも関わらず、選挙事務所前が大渋滞になるくらい多くの方がお祝いに駆けつけてくれていた。皆さんの前で選挙のお礼と今後の抱負を語り、皆さんと喜びの握手ができた。この握手の間私の頭の中は四年前の落選のことや四年間の活動がめぐっていた。感動の万歳が終わると同級生たちとカラオケにいこうということになった。九日間の選挙活動で私の声はかれていたが、朝まで同級生たちと歌を歌った。生涯忘れることのないカラオケであった。

本当に議員になった　—胸に議員バッヂ—

開票日の翌々日選挙管理委員会から当選証書をいただいた。その時の様子は正直あまりよく覚えていないが、私の手帳には「重たい当選証書」と書いてある。初当選のこの時私は当選証書を受け取りに行ったが、二期目以降の当選は自分ではなく選挙を中心にやってもらっている仲間に順番で当選証書授与式には出席してもらうようにしている。そしていよいよ初登庁の日、この日私は同級生の一人と一緒に県議会議事堂に向かった。彼は私が初挑戦の時、会社を辞めて一緒に戦ってくれた。その後就職していたが、この初登庁は一緒に見届けたいとのことで会社を休んで付き合ってくれた。

県議会議事堂玄関でバッチを胸につけていただき、三重県議会最大会派新政みえに所属することにした。議会の活動は一人では限界があり会派に所属することが活動の幅を広げることになる。全国に先駆けて議会改革のトップを走り続けている三重県議会の一員となり、議会人としての活動が始まった。

家族、同級生、後援会の皆さんなど本当に多くの人に支えられ、三十歳の三重県議会議員稲垣昭義が誕生した。

その後は四期連続当選

初当選から十四年、私は四期連続当選を果たした。親や親族が政治家でなく、政党に所属することなく、志ひとつ持って挑戦し続けての連続当選は正直すごいことであり、ずっと支え続けてくれる方々に感謝である。この間私は初心を忘れることなく活動することを肝に命じ、街頭演説、座談会での県政報告、後援会報「Cream 21」の定期発行手配り配布、メルマガやSNSを使った情報発信等を行っている。「政治家は四年に一回、選挙の時だけやってくる」という多くの方が持っていた政治家像を変えるため日々活動をしている。このような日常の政治活動の延長に選挙があると考えている。この活動が継続できるのは最初から一緒に戦っている同級生たちの存在が大きい。普段から定期的に選対会議を開き座談会や街頭演説などをスタッフとして手伝ってくれている。またゴルフコンペやサンマパーティーなどのレクレーション企画も定着してきた。

二十六歳、三十歳、三十四歳、三十八歳、四十二歳と五回の県議会議員選挙を戦い、基本的には何回やっても変わらぬ活動の繰り返しが大切であると感じている。しかし先回の四十二歳の選挙は大きく変えた点が一つある。それはポスターやパンフレットに年齢を書くのをやめたことである。四十代になりもはや若手ではなくなった。皆で相談して年齢を書くのをやめることにした。それと共に選対メンバーに三十代、二十代の若いメンバーを加えて彼らを選対の中心メンバーとして選挙をすることにした。まだまだ試行錯誤の途中であるが、若いメンバーの発想を大事にすることが自分自身の初心を大事にすることであり、私が政治家をする意味であると考え新しい組織づくりに挑戦している。

3、いよいよ議会での活動だ！

1、　初めての議会

会派（新政みえ）に参加

無所属で当選。しかし、議会の活動は一人では限界があるため、三重県議会の最大会派である新政みえに所属することにした。この新政みえは、1995年に北川正恭知事が誕生した時に非自民の勢力が結集した会派で、北川改革に対峙して議会改革を進めていく原動力となった会派である。今では地域政党（ローカルパーティー）の届け出をしている。そこには、私の父親世代の県議会の重鎮も多く、錚々たる人々が集まっていた。

一般に会派の役割は分かりにくい。会派はどういう働きをしているか？議案の賛否は多数決で行うため過半数の賛成がいる。そのため自分の思いを実現しようと思うと半分以上の議員に賛成してもらわなければいけない。よって議会には会派ができ過半数を目指すことになる。また、県政課題は多岐にわたる。本会議や常任委員会等での公での議論の前に特に重要課題は会派でじっくり議論することになる。このように会派は議会の中では非常に重要な役割を果たしている。

議員の席も会派できまる。三重県議会の場合第一会派が本会議場の演壇に向かって右側を陣取ることになっていて順次第二会派、第三会派の順と決まっている。私は、新人議員で最年少であったため、新政みえの陣営の一番前の席となり議席番号1番であった。ここに座ると、向き合った形で、知事をはじめとする県の幹部職員、また、教育委員会や公安委員会の長や県警本部長などが座っている。最初は、かなり緊張したものであるが時が経つと、次第になれてきた。当選回数が多くなるにしたがい、席は後ろに行くことになっていて四期目の現在、私は新政みえ陣営の後列に座っている。

一方、議員の控室も第一会派の部屋が決まっている。この十四年間の内に新政みえが第一会派から転落した時期があり、その時は会派の控室も引っ越しをした。そして再び第一会派になった時、再度引っ越しをして第一会派室に戻った。またこの控室の中の議員のデスクは、入り口から当選回数順になっており、当選回数を重ねるごとに部屋の奥のほうにデスクが移っていく。議会というところは何かと当選回数がものを言う場所である。

会派の役割

県議会の会派は国の政党の影響を大きく受けているといえる。四十七都道府県議会をみても、自民系会派、民主系会派、公明党、共産党などに分かれ、おおさか維新の党が強い地域はその系列の会派があったり、みんなの党という政党があり影響力が強いその代議士がいる都道府県ではみんなの党会派があったりと政党や地元選出の国会議員の影響を大きく受けているといえる。その点、市議会の会派をみると自民党の市議と民主党の市議が一緒の会派をつくっていることがあったりとあまり政党や代議士の影響を受けずにむしろ市内の地域要素が大きな影響を与えて会派が構成されているように感じる。

私が当選した時の同期は十二名であったが、自民党に七名、新政みえに三名、無所属。ＭＩＥに一名、無所属一名といった会派の所属になった。私は会派の所属を決めるにあたり、自民党は当時、党に所属しなければ会派に入れなかったため選択肢になく、当面無所属で活動する選択肢はあったが、まずはできるだけ早く議会の仕組みを学びたいとの思いや、先輩議員の顔ぶれをみても新政みえに魅力的な議員が多くそろっていたこと、私の選挙区である四日市は民主党の代議士が非常に大きな影響力を持っていることなど様々な理由から新政みえの所属を決めた。

今となって思うと、最初無所属で行動せず良かったと感じている。会派に所属したことにより議会の仕組みや様々な議案等のこれまでの経緯や背景といったことが先輩議員の指導等で学ぶことができ、また執行部との関係も非常に円滑にスタートすることができた。私が議員となってから十四年間の間に、当選されて会派に所属せず一人で活動され次回選挙で落選された方もいるが、正直この方なんかは、議会がどういう所で議会の機能や重要性などもほとんどわからず四年間過ごし、ただ自分の考えを一方的に主張していただけのように感じる。当選してもこれでは県民の付託に応えて活動することはできない。

会派はどのような活動をしているのか一般に分かりにくいが非常に重要であると書いたが少し新政みえの中身をご紹介したい。この十四年間で会派の組織体制も変遷してきているが、現在の形は、代表、副代表の下に幹事長を中心に各期数の代表で構成する幹事会、政策局長を中心に政策局、広報局長を中心に広報局、渉外局長を中心に渉外局、総務局長を中心に総務局という体制になっており全議員がどこかに所属している。これまでみてみても適材適所に配置されていると感じている。副代表は5期生以上の方がすべて入っている。幹事会は会派運営を行い、年一回の役員改選時期にポストの割り振りや委員会の所属等を決める役割を担っている。政策局は選挙の際に訴えた政策（新政みえビジョンとして政策集をつくり選挙の度に発表している）の推進と各議会で執行部から提出される議案の調査や賛否の決定、各団体からの請願や陳情の受付などを担っている。広報局はホームページや会派広報紙による情報発信と各地区での会派県政報告会の企画などを担っている。特に２０１５年は会派結成15周年ということで、記念事業を熊野市、尾鷲市、志摩市、四日市市の四カ所で行った。渉外局は年一回開催する団体懇談会を企画し、各業界団体との窓口の役割を担っている。総務局は政務活動費が適正に使われているか管理を担っている。

このように会派の中で役割を持ち、特に一期生二期生の時は所属を変わったりしながら経験を積んでいくことになる。私はこれまで幹事会、政策局に所属して経験を重ね、今は政策局長として七年目を迎えている。議会には代表者会議という各会派の代表者が集まる重要な会議があるが、新政みえからは代表、幹事長、政策局長が出席することになっている。

日頃の会派活動はそれぞれの組織で行われているが、会派の意思決定の場は全議員が参加する会派総会である。この会派総会は議会中は基本的にお昼休みに昼食をとりながら約１時間毎日開かれる。それで足りないことも多く特に案件の多い時は朝本会議等が始まる前などにも開かれる。また議論が分かれる議案などは夜遅くまで喧々諤々の議論をしたことも何度もある。この会派内での議論は基本的に外にもれることはないため見えにくいがこの会派の意思決定のプロセスは非常に重要であると考える。

議長選挙

会派の話から、初当選時の議会に話を戻す。

当選して最初の議会は役選議会といわれるものである。確か四日間に渡って開かれ議長・副議長はじめ議員の役職や所属など一年間の議会の体制を決める議会である。私が初当選した時は、各派の代表者による役選協議会が開かれこの会議は非公開であったためそこでの議論はよくわからないが、その中で物事が決まっていった。一期生の私は会派の控室で終日待機をしていて断続的に開かれる役選協議会の決定事項の報告を受けるだけであった。現在ではこの役選の協議は代表者会議で行われることとなり、三重県議会はすべての会議が公開であるためこの役選の協議も公開の場で行われることになっている。この役選協議の場を公開している議会は非常にめずらしいと思う。私は代表者会議のメンバーになって五年以上経つため毎年この公開の役選協議に出ているが、それぞれのポストの具体的な名前の話などはなかなか公開の場ではしにくいためどうしても会議が終わった夜などに調整をすることが多い。議員にとって役職は重要であり、この役選協議の期間は普段とは違う異様なエネルギーに議事堂が包まれる。議長・副議長などについて裏で話し合って決めずにガチンコでぶつかるべきであるという考えがあり私もどちらかというとこの考えに近いのであるが、やはりガチンコでぶつかって誕生した議長・副議長の下では議会が不安定な所が出てくる。最近では二元代表制のもと、議会が出来るだけ一枚岩となって執行部と対峙すべきということを考えると話し合いで議長・副議長を決めていくことが重要ではないかと感じている。

ちなみに三重県議会では議長任期を２００７年から二年としている。地方自治法上は議長任期は議員任期の四年であるが、これまで申し合わせにより一年としていた。多くの議員が議長ポストを望んでいることから一年で交代してきたのであるが、議会改革の中で、議長が毎年変わることは知事と対峙した責任ある議会として問題があるのではとの議論があり、二年制とした経緯がある。

このように議長選挙についても私が初当選した時から変わってきているが、初めての議長選挙は会派の控室に終日待機をして何が起こっているのか良くわからないまま会派の代表の報告を聞き、本会議場で決められた方の名前を投票しただけであった。

委員会への配属

どこの県議会でも同じであるが、さらには、どこの市町村議会でも同じであるが、三重県議会には「委員会」というものがある。議員全員が集まって議案を審議するというのが本来の議会であるが、これでは時間が掛かりすぎる。また、それぞれの議員がすべての議案の内容を理解して審議するということは簡単なことではない。そのため、教育警察常任委員会などといった委員会を設置して、その委員会は警察関係や教育関係の議案を、本会議に先立って専門的に審議することにしよう。そして、その委員会に配属された議員は、その分野に精通する議員にしていこうということで、「委員会」が設置されている。議員全員が出席する「本会議」は、それぞれの「委員会」がどのように審議し、どのような結論を出したかの説明を受け、それを前提として、いわば広い視点で議案を通すか、否決するかを決定するということになっている。ちなみに委員長が委員会での審査の経過と結果について報告する委員長報告は三重県議会が本会議場で全国に先駆けて採用した対面方式の演壇のうち議員側の演壇ではなく、議長の前の演壇をつかい議員に向かって報告をすることになる。この報告を聞き議員がそれぞれの賛否を表明するといった形になっている。

したがって、どの「委員会」のメンバーになるかは議員にとっては重要な問題であった。役選協議会での議長・副議長や委員長などのポストの話は当選したばかりの私には関係ないため興味はなかったが、委員会の配属については、私も、どこに配属されるか、期待と不安が入り交じっていた。一期生は自分の思い通りの委員会に所属することは難しいのかと思っていたが、この委員会の所属を決める方法は新政みえの場合は期数の若い議員が優先に配属されることになっているため私は望み通りの委員会に配属いただいた。最初に私が選んだ委員会は県政全般が理解でき県の予算について把握できるようにとの思いで「政策総務常任委員」を選んだ。

この政策総務常任委員会は重鎮が多い委員会で私なりに勉強になった。また執行部の部長や総括室長（今では副部長）の答弁を聞いているとすごく優秀であることが伝わってきて私はもっともっと勉強しなければとの思いをあらたにしたものである。

毎年、いずれかの常任委員会に所属することになるが、初当選してからすべての常任委員会を一周してからが県政についての理解も深まり、執行部の顔と名前が一致するようになり自分自身の活動や発言に少しずつ自信が出てきたように思う。当初委員会の資料は当日配布もしくは早くても前日配布であった。私は事前に資料を読んで委員会に臨みたいため事前に資料が欲しいと依頼すると早くても資料が届くのは前日であった。今では委員長会議で出来るだけ資料は早めに委員に配布することに決まったため十分事前に資料を読む時間がある。委員会での議論を見てもらうと議員の資質が良くわかる。資料を全く読んでこなくて自分の持論やどうでもよい話を長々とする議員もいれば、資料を熟読してきて自分なりの調査をふまえて簡潔にポイントをわかりやすく質疑する議員もいる。これは執行部にもいえることで、委員会に出ると優秀な職員は非常によくわかる。このような視点で委員会をみてもおもしろいと思う。

会派での議案の検討

私にとっての初めての議会は、野呂知事にとっても初めての議会であった。北川知事が3月に骨格予算を組んでいたため、知事選後の最初の6月議会は、野呂知事のカラーを出した肉付けの補正予算の審議が最も重要な議案となった。この審議の中で私の記憶に残っている言葉は、野呂知事が「肉付け予算を組もうと思ったら骨と皮しか残っていなかった」と言っていたことである。骨と皮であったかもしれないが私の最初の議案審査はこの補正予算であった。

議案の審査については会派での議論が重要である。三重県議会はすべての会議を公開しているため、委員会での議案審査や予算決算委員会での審査、本会議での審査などはもちろんであるが、議案聞き取り会や全員協議会なども県民にすべて見てもらうことができる。一方、この会派での議論は会派内で行うため公開されておらず、議案によってはここで喧々諤々の議論をおこなっている。新政みえでは、各委員会に議案が付託されて委員会審査に入る前に各常任委員会の正副委員長（新政みえは最大会派のため基本的にすべての常任委員会の委員長、もしくは副委員長ポストを獲得している）から重要案件の報告が会派総会であり、委員会審議の前に議論をしてから委員会に入る。また委員会議論の経過を踏まえて何度か会派総会で議論をする場合もある。案件によっては政策局があずかることになり、政策局の中で議論を行うこともある。私のこれまでの経験では、県立病院改革や新県立博物館建設、総合計画策定などの時はかなり激しい議論をしたように思う。このように会派の中で議論に議論を重ねて、会派としての結論を出して最終的に本会議の採決に臨むことにしている。

本会議の審議

本会議の採決の様子を見ると非常に形式的だという指摘をいただくことが多い。この本会議での討論や採決の前に付託された委員会で詳細審査がされていることと、会派での議論がしっかりとされていることからどうしても最後の本会議での採決は形式的に見えてしまう。しかし、私は当選した時に先輩議員から「本会議は物事を決める場所で、真剣勝負の場所で、場合によっては命を取れる場所である」と教えられた。「命を取る」とは大げさな言い方かもしれないが、本会議場にいる執行部も議員もそれだけこの場所での発言は重く、議員の場合発言によっては議員辞職につながる事もあるかもしれないし、執行部も同様であるということだと考える。

本会議では採決の前に議案によっては、賛成討論、反対討論が行われる。私も何度かこの討論に登壇したことがあるがこの各会派の討論はなかなか見ごたえがあるものが多い。この討論の時の演壇は、委員会の委員長報告同様に、議員側の演壇ではなく、議長の前の演壇から議員に対して広く支持を求めて訴えることになる。このような討論の後に採決が行われるのが本会議の流れである。

本会議での採決は起立による採決がほとんどであるが、初めての採決の時は、私が起立することで物事が決まる重みを実感した。その思いは今でも採決の度に感じている。

脚光を浴びる一般質問

本会議場では、討論や採決以外に、議案が上程されて委員会付託される前に一般質問が行われる。議員にとって、もっとも〝やりがい〟があるのは一般質問といわれている。これは、議案に対する質問ではない。県政全般に対する議員の政策の提示である。もちろん、改善を迫るというものでもある。時折、この一般質問の内容を職員につくってもらうというような話を耳にすることがあるが、三重県議会の議員には、そういう議員はいない。みんな、自分で県行政の実態を調べ、その問題点を考え、それを追求し、改善を迫るということをしている。しかし、こういう一般質問は簡単にできることではない。日頃から、県行政を真剣に見ていなければならず、また、うかつな一般質問をすると他の議員の嘲笑を浴びかねないからである。議員にとって一般質問は県民や県執行部、あるいは同僚議員から議員としてのレベルをはかられる機会となる。特に新人議員の一回目の一般質問はどのような質問をする議員なのか注目度は高い。

三重県議会ではこの一般質問は年間一人一回（持ち時間は一時間）と決まっている。この一般質問は、会派単位で発言者を決めるが、新人の私は、当分、順番は廻ってこないだろうと思っていた。しかし、新政みえでは、新人議員が選挙で語ってきた内容を執行部にぶつける機会を早くつくってあげようという文化があり、新人議員に優先的に一般質問の時間が割り振られた。今でもこの伝統は続いている。

2、政務活動　―さて、どういう活動をしようか？―

政務調査費から政務活動費へ

この政務活動費については私が初当選した時は政務調査費と言われていて現在は政務活動費と言われている。2012年の地方自治法改正で政務調査費の名称を政務活動費に改め、交付目的を「議員の調査研究その他の活動に資するため」と改正された。これは調査のみといったイメージから議員の本来の活動の実態にあったように様々な勉強会や大会、シンポジウムなどに出席する活動なども含まれるといった考え方によるものだったと考える。

三重県議会の政務活動費は、議員一人当たり毎月議員分十八万円、会派分十五万円の合計三十三万円である。私が初当選した時の三重県議会では、五万円以下の領収書の添付義務はなく領収書の保管義務のみであった。五万円以上の支出というものはそうないためほとんどの領収書をつけることはなくこれは問題であると感じていた。詳細は分からないが先輩議員の中には非常に杜撰な政務調査費の管理をしていた人も見受けられた。このため県議会の中に政務調査費のワーキンググループが設置され、ガイドラインを作成するなど改革がスタートし、2008年からは条例改正をしてすべての領収書の写しを添付することにした。政務活動費は使わなかった分については返還する仕組みになっている。マスコミ報道を見ていると、政務活動費を返還した方が良くて使い切った方は批判されるといった風潮があるが私はこの見方は間違っていると考えている。しかし2008年にすべての領収書の写しを添付することにする前はほとんどすべての議員が支給された政務調査費を全額使っていたが、すべての領収書の写しを添付義務化した後は、多くの議員が使わなかった分を返還した事実を考えると公開前の議員の使い切り体質は問題であったと考える。一方、政治家は活動すればするほどお金はかかる。東京を往復するだけで宿泊費を入れると四〜五万円となる。三重県議会にも政務活動費を毎年全額返還している議員がいて、これはこれで個人の考えとしては自由であるが先ほども述べたが返還したものが評価されて、使い切ったものが批判されるといった風潮は間違っていると考える。しっかり活動すればお金はかかる。その透明性が大切であり、三重県議会はすべての領収書の写しの添付義務があり今では十分透明性が確保された仕組みになっている。

新聞種になることが多い政務活動費

２０１４年に兵庫県議会で号泣県議といわれる政務活動費の不適切な支出事件が起こった。また他にも政務活動費の不適切な支出の問題がいくつか報道されている。大多数の議員は政務活動費を有効に活用して政治活動を行っているにも関わらず一部の不適切な事例が出ることで政務活動費自体の問題とされることは残念に思う。私の所にも政務活動費の取材で朝日新聞大阪社会部の記者がやってきたことがある。私のブログやフェイスブックの記載と、私の政務活動費の報告書の記載を細かく照らし合わせて確認事項を質問しにきた。非常に悪意を持って意図的な質問であったが私は丁寧にお答えした。その結果、私の言葉の一部のみを取り上げ、話の内容を全くすり替えた記事を記載されたことがあった。その時は記者には抗議し記者から謝罪を受けたが、このような政治家をおとしめるためだけの記事は許されるものではない。当時、記者の実名を入れて経緯を私のブログで報告すると伝えたが、実名だけは許してほしいと言われたため、私は経緯と朝日新聞の記事の問題点を指摘するのみのブログを掲載した。その時に私が記者に話したことは「政治家は悪いことをしている、政務活動費を不正に使っているという先入観だけで仕事をするな。ブログやフェイスブックなどで情報公開につとめているものにターゲットを絞って攻撃するな。細かいことやあげ足取りの仕事をせず、記者としてもっと地域のため、国民のためになる仕事をしろ」こんな話をした記憶がある。

なぜ、政務活動費が必要なのか？

私たち議員が支給される政務活動費の額は、私個人にとっては大きな額で価値があり、些細な額というつもりはないが、あえて書くと、私たちが予算審議や決算審議で扱う額は何億円という額であり、三重県の一般会計総額は年間約七千億円の額を審議している。一般的にこれらの額から考えると議員個人の政務活動費の額は些細な額である。県民にとっていい政策を実現する、あるいは県の取組の妥当性をチェックするためには、専門的知識を持つ人々から学ぶことは重要であり、様々な人とのネットワークづくりも重要であり、現場に行くことも重要であり、資料を購入することも時には必要である。これらのことを何もしない議員より、私は政務活動費を活用してこれらの活動をおこなう議員の方が求められていると信じている。

一つ私が取組んだ事例をご紹介したい。２００７年私が政策防災常任委員長をつとめた時のことである。県の情報システム関係予算の議論の時に、執行部の答弁が分かりにくく情報システムの全庁的な把握がどこまで出来ているかなどを考えると、ブラックボックス化されているのではないかという議論になった。非常に専門性が高いため、専門家の方に委員会に来ていただき集中的に審議をしようということになった。当時、国では各省庁に情報関係の専門家としてＣＩＯ補佐業務を行う方々がいたため私は県の政策部に対して参考人として来ていただくのにＣＩＯ補佐業務をやっている方を紹介してほしいと打診した。しかし政策部の回答は、来ていただける適切な人材はいないというものであった。県としては集中審議をすることに後ろ向きであったため当然の答えであった。そこで私のこれまでの政務活動で知り合って、勉強会や講演会で何度かお話を聞いて適任者であると考えた、その当時さいたま市のＣＩＯ補佐官で自治体の情報政策に詳しい山口秀二氏に依頼をし、委員会の参考人として出席いただき委員に様々な問題点の指摘をいただいた。執行部が用意する参考人ではなく、議会自らが調査したうえで来ていただいた参考人であったため本音の中身の濃い話をお聞かせいただくことができた。後の話であるが、この時私が山口氏を参考人として招くことについて執行部からはかなり抵抗があったようである。

その結果、県の情報システムは二百六あり、その内、大規模システム（年間経費が五千万円以上）が三十四システムあり、契約金額は、年間約五十億円前後で推移しており、全体の約八十％を大規模システムが占めていることが分かった。最終的には委員長報告として、システムの設計・構築に関する費用は様々なチェック機能が働いているが、保守・運用に関する経費は毎年約三十億円程度で横ばいであり、この部分を厳しくチェックする必要があることなど七項目に渡る提案を作成した。この私が行った委員長報告に沿って、県は翌年からＣＩＯ補佐業務を予算化して設置をし、情報システム関係経費の見直しを行った。これら県の取組の成果として、２００９年とＣＩＯ補佐業務を設置した２０１０年の予算を比較すると大規模システムの運用保守費は四億八千万円の削減効果があったことがその後の私の一般質問の答弁から明らかになった。これ以降、今日までＣＩＯ補佐業務は設置をされ、私が取組んだ情報関連費用のブラックボックス化は改善されてきているといえる。

この事例をみていただいたように、政務活動費を活用して私がつくってきた人的ネットワークや勉強会での成果が県政に活かされ年間約五億円の運用保守費は削減されるようになった。私に支給されている政務活動費と県予算の削減効果は桁が違うことがお分かりいただけると思う。この事例のように議員が政務活動費を活用して活動することは独自の調査、勉強が可能となり本来非常に重要なものであると考える。

会派での活動

新政みえでは会派の政務活動として、年一回全議員参加の東京研修を二泊三日で行っている。国の最新の情報を入手するためのもので講師は毎年厳選し、朝から夕方までみっちり勉強する。夜は、国会議員や本県に出向経験のある各省庁の役人や本県に赴任経験のあるマスコミ関係者の皆さんなどと一杯飲みながらの懇親会が企画される。政務活動費を使った個人の視察の場合もそうであるが、夜のこのような懇親会の機会も非常に重要であるが、三重県議会では飲食代は政務活動費の支出は出来ないことにしているため当然このような懇親会や飲み会の費用は個人負担である。この東京研修に加えて、年一回全議員参加の先進地調査も二泊三日で行われる。この会派視察は、幹事団が事前調査やアポ取りなどかなり時間をかけて調査先を決める。私も何度かこの幹事を経験したが、資料集めや分析、訪問先のアポ取りなど本当に大変である。このような先進地調査に会派で行くことは個人での調査と違って多くの議員で課題等が共有できるといったメリットがある。議会は合議制のため自分の思った政策を実現しようとすると出来るだけ多くの議員と課題や情報を共有し賛同を得ていくことが重要である。また新政みえでは、四年の任期期間中に一回海外調査が実施できることにしてあり、グループ分けをしている。この海外調査については様々なプログラムを活用したり、国会議員を通して外務省や大使館の方々と調整して訪問先を決めたりと事前準備を含めて非常にいい勉強になる。これらが政務活動費の会派分を活用した視察である。これらの視察に加えて、特に新政みえ選出議員が少ないあるいはいない地域で会派の県政報告会も定期的に開催している。新政みえ選出議員がいるところは議員が県政報告会を開くことで地域の方々との意見交換が可能であるが、議員がいない地域の声は意識的に会派として出かけていくように心がけている。このように私たちは政務活動費の会派分を使って視察や県政報告会といった活動を行っており、非常に重要な活動となっている。

政務活動と後援会活動

私たち議員の活動を明確に政務活動と後援会活動に区分することは困難である。そこで三重県議会ではこの区分について一定のルールが定めてある。例えば、私もそうであるが、資産家や団体・労働組合の組織内議員でない限り、家賃を払って活動する拠点となる事務所を借りている。この事務所での活動は、当然様々な調査や勉強、打ち合わせなど政務活動に使われるが、後援会の皆さんの集まりや、選挙が迫ってくると選挙準備のための活動も行うことになる。そのため三重県議会では基本的に事務所家賃は政務活動費として二分の一、後援会活動として二分の一と按分して計上することにしている。事務所の光熱費等の費用についても同様の按分である。ちなみに自宅や親族の物件を借りている場合などの家賃支出は認められない。

また議員は活動報告のレポートや会報を作成して配布等を行う。このようなレポートや会報に関しても議会活動報告のみではなく後援会行事の報告を掲載したり、イベントの告知を行ったりと様々な情報を掲載するためどの部分が政務活動でどの部分が後援会報なのか区分は難しい。よってこれも同様に二分の一で按分して政務活動費に計上するようにしている。

議員の活動はしっかり活動すればするほど当然お金もかかる。そのかかる費用が政務活動なのか後援会活動なのかの区分はなかなか困難ではあるが一定のルールをつくり自らしっかりチェックできる体制を三重県議会はつくってきた。この政務活動費についてマスコミ報道は非常に偏りがあり、実態がなかなか理解されていないように感じている。透明性を確保したうえで政務活動費を効果的に使い、政務活動の成果をあげられるよう今後も取り組んでいきたいと考える。

3、委員長の役割は？

委員長に選ばれる！

三重県議会の常任委員会では、詳細審査をそれぞれの常任委員会で分担して行うことになっている。付託された議案の審査と所管事項調査を行うが、それぞれの常任委員会での議論は白熱することが多く、委員長の役割は非常に重要である。また議案以外の所管事項については委員長の思いが強く反映されることが多いためどのような所管事項を中心に調査するかを決めるうえで委員長の役割は重要である。この委員長ポストの割り振りについては毎年五月の役選議会にて各会派の割り振りが決まるが、基本的に初めての委員会で委員長になることはできず、過去にその委員会を経験したことがある者に限られる。また委員長は二期生以上と申し合わせで決まっており、最近では一期目の四年目から該当者がいれば委員長になることができる。

また常任委員会とは別に特別委員会が設置される。この特別委員会については、議会改革の中でプロジェクト型にするよう変遷してきており最近では必ず何らかの成果物を残すことになっている。よってこの特別委員会の委員長はその課題について思いの強いものがなることになる。

私は二期目当選した一年目に政策防災常任委員長をつとめることになった。この常

任委員会は各会派の代表者会議メンバーがそろった重厚な布陣の委員会となったため二期生の私が委員会運営をできるかどうか不安であった。先輩議員の協力もあり無事委員会運営をすることが出来たが、委員長になって感じたことは情報の入り方が格段に増えることである。所管の部局の職員との接点も増え、また議会事務局の担当書記とも密接な一年を過ごすことになる。今から思うと自分が委員長をした時の人的ネットワークは非常に大きな財産になっている。また、先に書いたように県の情報関連予算の中でブラックボックス化されていたものにメスを入れ改革を行った。この改革は私が県議会議員として取り組んだ課題の中で非常に思い出深いもののひとつである。

特別委員会では、ＮＰＯ等ソーシャルビジネス支援調査特別委員会を設置して委員長を務めることになった。２００８年当時にまだ世間でソーシャルビジネスという考え方や言葉があまり拡がっていない時にこの名前をつけた特別委員会を設置したことが画期的であった。設置した時の私の思いは、ＮＰＯや市民活動等を財政的に支援する仕組みをつくるためパーセント条例のようなものが作れないかとの考えがあったが、結果的には条例制定よりも、ＮＰＯや市民活動団体等を支援するための中間支援組織を強化して財政的な支援の仕組みを構築していくといった提案を行った。２０１２年には四日市に、自治会とＮＰＯ団体が協働して「ささえあいのまち創造基金」が立ち上がり、民間の寄付を集め毎年、ＮＰＯ団体や市民活動団体に助成を行うといった取り組みが始まっている。行政が関わらず、公のお金が入っていない中間支援組織は全国的にも珍しい取組みであると感じ今後の展開に期待をしている。私が委員長として提案したことを少しでも実現するため取組ませていただいている。

二期生の時に委員長を二回経験するというのが一般的なパターンであるが、私は、政策防災常任委員長とＮＰＯ等ソーシャルビジネス支援調査特別委員長を務め、この後の議会活動の中で非常に貴重な経験になっている。

予算決算常任委員会の委員長に選ばれる！

三重県議会の予算決算常任委員会は現在、議長をのぞくすべての議員で構成される非常に重たい委員会である。私が初当選した時は予算と決算を一体的に審査すべきだとのことで予算決算特別委員会が設置された。形骸化していた決算審査を充実させ翌年度の予算議論に活かそうとの試みであった。その後、予算決算特別委員会のメン

バーは議長をのぞくすべての議員となり委員会の重みが増してきた。また地方自治法の改正で、議員が複数の常任委員会に所属することが可能となったため、予算決算特別委員会を予算決算常任委員会と改めて、行政部門別常任委員会と両方に各議員は所属することになった。現在は議長をのぞくすべての議員が予算決算常任委員会に所属をして、各行政部門別常任委員会に予算決算分科会を設置して予算、決算に関わる詳細審査を行うことにしている。本委員会では総括質疑も行うがこの総括質疑は本会議での一般質問と違い事前通告制をなくしてガチンコ勝負となっており非常に見ごたえのある議論となっている。このように予算決算常任委員会は非常に重たい委員会のためこの委員長は四期生以上と申し合わせで決まっていた。２０１４年にこの申し合わせ事項を見直し三期生でも予算決算常任委員会の委員長が務められるようになり私は、三期生の四年目に歴代最年少でこの三重県議会の議会改革の象徴ともいえる予算決算常任委員会

の委員長に就任した。
就任して分かったことは、予算、決算に関わることはすべての部局にまたがるためそれぞれの部局のレクなどかなり時間的制約が多く忙しいということであった。一方、県財政当局や各部局との様々な調整など私自身学びが多く大きく成長できたように感じる。また議長をのぞく全議員から委員会が構成されているため円滑な委員会運営のため各会派からの理事会が構成されておりその運営等いい経験をさせていただいた。そんな中で最も印象に残っていることは、2016年に日本で開催されるG7サミットについて、県としてこれまでは閣僚級会合の誘致を目指していたが、知事の強いリーダーシップで主要国首脳会議の誘致に変更した時である。この時は誰もが本当にG7サミット本体の誘致が可能なのかとの疑いの中、誘致の取組のための予算が必要とのことで執行部と議論した。既に他都市が先行していたため本当に三重県で出来るのかとい

う思いもあったが、知事と一緒に大きな夢をみてもいいのではないか、何でも真ん中くらいの三重県で、世界最高峰の国際会議を開催することができたらこんなに素晴らしいことはないとの思いからサミット関連の補正予算を急遽上程し可決した。その後、伊勢志摩サミット開催が決定した時は涙が出るほどうれしかった。

4、議長の役割は？

議長になったことないが・・・

三重県議会の議会改革の取組については後に述べるが、このような議会改革が進められたことはやはり時の議長のリーダーシップが大きかったといえる。私は、一期生、二期生の時に様々なプロジェクトや検討会のメンバーに所属して議論したことは大いに刺激的なものであった。また議会改革が確実に進んでいく様子を肌で感じた。一方私が三期生になると、議会改革を先導してきた岩名秀樹（故人）先生や萩野虔一先生が県議会を去り、これまでどちらかというと議会改革に熱心に取組んできたとは言えない自民党会派の議長が四年間続いた。何度も私のブログには書いたが特に最後の四年目の正副議長はひどく、議会改革どころか県議会自体が停滞した一年となった。正副議長は名誉職で誰がやっても同じであり当選回数を重ねた順に適齢期になったら順番に正副議長を務めていく慣例は今なお残っているが、やはりちゃんと選ばなければいけないと痛感した一年であった。議長のリーダーシップによって議会は活性化し議長によっては議会が停滞するといっても過言ではない。

四日市港管理組合議会の議長として

私は三重県議会の議長をつとめたことはないが、2009年に四日市港管理組合議会の議長をつとめたことから四日市港管理組合議会の改革についても書きたいと思う。四日市港管理組合は県と四日市市で負担をして構成されている一部事務組合であり、議会は県議から五名、四日市市議から四名で構成されている。私が初当選した時は、県と市の負担割合は二分の一ずつであり、議会の構成は五名ずつであったが、国際競争力ある港にしていくために県の関与と責任をより大きくすべきであるとの議論の結果、県の負担割合を少し増やし現在の形になっている。私は2009年に第四十五代議長に歴代最年少で就任した。まず私が行った改革は四日市港管理組合議会議員の報酬を廃止し日額制にしたことである。

これまで四日市港管理組合議会議員は、議長五万円・副議長四万九千円・議員四万八千円の月額報酬制であったが、私たちは県議会議員として報酬があり、四日市市議会議員は市議としての報酬がある中、日数的にはそう多くない四日市港管理組合議会議員としての活動の中で報酬制は実態にあっていないのではないかとの批判がかねて

からあり改革が必要であるといった議論があった。しかし任期が一年ということもありまた議員特権のような感覚が持たれていたこともあり中々改革されずに来ていた。私は四日市選出の議員であり、四日市港は産業政策上も四日市の発展、三重県の発展のために非常に重要であり、市民に親しまれてきた大切な財産であるとの思いから、県議会議員に初当選した一期目に四日市港管理組合議会議員になりたいと手を挙げた所、報酬があるためうまみがあるポストであったため一期生の私にそのポストはなかなかまわってこなかった。この時私は責任ある立場になったら必ずこの報酬制は実態にあった形に改革しようと考えていた。そうすることによって、本当に四日市港の発展を考えた者が議員として県議会から行くことになると考えたからだ。議長に就任するとすぐ四日市港管理組合議会議員の報酬のあり方を協議する場を設け、県議会、四日市市議会にも丁寧に説明をさせていただきながら理解をいただき、日額九千九百円への改正を実現した。

私は、経費削減の観点からのみこの改革を行ったわけではないが、結果としてこの改正で年間約四百五十万円の経費削減効果となった。一方、この経費削減効果より大きいのは、日額制導入以降今日までを見てみると、一期生の一年目から四日市選出の県議が四日市港管理組合議会議員となれるようになり、四日市港の発展のために思いの強いものが四日市港管理組合議会議員として活躍できる体制が出来てきたことである。

また私が議長をつとめていた時期は、国の政策で国際競争力ある港を育てるため、集中的に財源を投入するためスーパー中枢港湾という制度ができ、その後ハイパー中枢港湾といった制度が示されるなど四日市港の未来にとって最も重要な時期であり、管理者である知事や職員とともに悩みながら四日市港の方向性を決めてきた時期であった。日本の港湾は規制が多く戦略性が欠けていたこともあり、中国、韓国、シンガポールなどの港に大きく離され国際競争力を失ってきた現実があった中、私たちは、名古屋港と共に伊勢湾の港として取り組む必要性を感じ議論を重ねた。残念ながらハイパー中枢港湾の指定は、東京湾、大阪湾のみとなったが、伊勢湾においてもこの時の議論の積み重ねが今後生きてくるものと感じている。

四日市港は、明治時代に稲葉三右エ門氏が私財を投げ打って近代化した歴史ある港である。わが国には多くの港湾が存在するが歴史の重みで考えると四日市港はかなり古い港であり、江戸時代から交通の要所として栄え、明治時代以降は紡績、石油化学コンビナートと発展し、海運の要所として重要な発展を遂げてきた。ちなみに、現在四日市港には国の重要文化財に指定されている施設が二つある。一つは1931年に竣工した末広橋梁である。千歳運河にかかる跳開式可動橋で現在もこの末広橋梁は現役で可動している。もう一つは、潮吹防波堤である。オランダ人土木技師のヨハニス・デ・レーケによってつくられた波の力を弱めるための平行する大小2つの「こぶ」と水抜穴をもつ防波堤で、世界的にも珍しいユニークな構造で現存している。私は四日市港管理組合議会の議長として、四日市港の歴史を学び、四日市港が四日市の発展、三重県の発展、そして日本の産業の発展に欠くことのできない港であると感じている。そして未来の四日市港のために関わることができたことは非常に光栄に感じている。2009年の議長経験は私にとって非常に大きく、今後も、政治家として四日市港の将来の形をしっかりと描いて取り組んでいきたいと考える。

5、議会事務局の役割は？

議会には議会事務局があり私たちの議員活動を支えてくれている。三重県議会では議員の立法機能を高めるため、企画法務課の職員を衆議院あるいは参議院の法制局に派遣をして人材を育てることを継続している。後に述べる議員提案条例を三重県議会は全国で最も多く制定してきているが、これは議会事務局のサポート体制がしっかりしているからといえる。私もいくつかの条例検討会の座長をしてきたが、企画法務課の職員は優秀であり、私の思いをちゃんと把握して調査をして資料を作成してくれていた。このような条例制定のみならず、例えば全国の事例を調査したい時などは議会事務局の調査機能として全国に照会をかけて情報収集をしたり、先進事例の資料を集めたりとの仕事をしてくれる。私はこれまでに一般質問や予算決算常任委員会の総括質疑の資料収集のため議会事務局に調査を依頼したり、先進事例を調べてもらいその先に視察に行ったりとかなり議会事務局の職員方には議員活動を支えてもらっている。

各常任委員会には担当書記が二人つくことになるが、委員長をつとめるとこの担当書記の協力は非常に重要である。委員会を円滑に運営するための協力や委員会での要望や意見を執行部との間に入って調整をしたり、重要課題の視察の段取りなどその役割は多岐に渡る。委員長をつとめた時の一年間は担当書記の二人とは非常に濃い時間を過ごすため私も自分が委員長をつとめた時の思い出は多く残っている。

このような議会事務局であるが、この職員は県庁の職員であり、県庁からの人事異動で議会事務局にやってくるため一定期間が過ぎると県庁に異動していくことになる。過去の議会改革の議論の中で、県庁から異動してくる職員のため執行部と議会が対立した場合になかなか議会側に立って思い切って仕事がしにくいのではないかとの議論があった。議会側に立って思い切った仕事をすればするほど、異動で県庁に戻った時にいじめられるのではないかとの心配がある。よって、議会事務局でプロパー職員を雇うべきであるという声も多くある。あるいは議会事務局でプロパー職員を雇うと異動がなく硬直化する可能性があるため例えば東海地方の議会事務局で職員を採用して東海地方内の自治体議会内を異動するようにしてはどうかとの意見もあった。予算の面等もありなかなか実現は難しいが将来の課題として議論は続けていきたいと考える。

いずれにしても議会改革が進み、議会が本来の議会の役割が果たせられるかどうかは議員の資質向上と共に議会事務局の機能強化は非常に重要な要素である。

議会改革

1、議会改革の土壌

三重県議会の議会改革の取組は何期も当選を重ねた重鎮、岩名秀樹先生（故人）の功績が非常に大きいと言える。議会が一枚岩となって執行部と対峙する二元代表制の理念を掲げスタートした三重県議会の改革は、後に詳細記載するが、議場の対面演壇方式導入からはじまり議会基本条例の制定、議会基本条例に基づく政策討論会議や検討会、付属機関の設置、通年議会の導入、数々の議員提案条例の制定、費用弁償の廃止、議員年金の廃止、政務活動費の公開など全国に先駆けて多くの取組が行われ成果を上げてきたといえる。

三重県議会議員は五十一名おり、議会改革への温度差はかなりあるように私は感じている。そんな中改革が進んだ原動力を私なりに考えると、何期も当選を重ね自民党の重鎮であった岩名先生が議会改革の旗を振り、新政みえの萩野虔一先生、三谷哲央先生が支え、私たち一期生の中の志が高い何人かの議員が党派を超え議会改革の魅力を感じのめり込んでいたことが大きいのではと考える。もちろん強い思いを持った議会事務局職員の強力なバックアップ体制が整っていたことは重要な要素である。

現在の都道府県議会を見てみると三重県議会をのぞくほとんどの議会で自民党会派が過半数を持っている。この状態は民主党が政権を担っていた数年の間も同様であり、自民党は地方議員から積み上げた国民政党であり底力がある一方、民主党の地域組織は極めて脆弱であるといえる。三重県議会の自民党会派と民主系の新政みえ会派が拮抗した状況というのは全国的には極めて珍しい形で、私が当選してから13年間はこの力バランスの中で議会改革が進められてきた。三重県議会の議会基本条例では前文に「本県議会は、住民自治及び団体自治の原則にのっとり、真の地方自治の実現に向け、国や政党等との立場の違いを踏まえて自律し、」と定めたが、現実は国の政党政治の影響を大きく受けていることは否定できない。しかし、自民党の重鎮であった岩名先生を民主系会派新政みえが支え、議会改革が始まり、岩名先生が自民党会派を飛び出して議会改革が進展していった歴史は、国の政党政治の考え方から見れば理解されない、まさに、真の地方自治の実現に向け、国や政党等との立場の違いを踏まえて自律した行動であったように思う。

2、演壇方式から対面方式に

三重県議会の議会改革のスタートはこの演壇方式から対面方式の導入であった。私が初当選した2003年からこの対面方式が導入されたため私はそれまでの演壇方式の議会を経験していない。これまでの演壇方式というのは、国会の本会議の代表質問のように議長の前の演壇から議員が一般質問を行い、執行部がその質問に対して同じ演壇から答弁するといった方式である。質問者である議員は、本会議場の他の議員に向かって自分の考えや質問を述べることが出来るが、一問一答で質問しにくいため三十分程度の間に何問かを一気に質問してその後、三十分程度一気に答弁をもらうといった形が一般的であった。このような演壇方式に対して、三重県議会では二元代表制の下、執行部と議会が対峙して政策議論をしていくとの考えから、議場の形を対面方式に変えることになった。本会議場の議員席側に演壇をもう一つつくり、議員はそこから一般質問を行い、執行部は議長前　　の演壇から答弁を行うといった形である。この形にしたことで、議員が一問一答で質問しやすくなり、見ている側から考えると

議論の中身が非常に分かりやすくなったと感じる。また答弁する知事はじめ執行部の方々の顔をみて質問できるので気持ちが入りやすく、たぶん答弁する側の執行部はこの形の方が緊張感がありやりにくいと思っているのではと私は感じている。

　三重県議会が全国に先駆けて導入したこの対面方式が今では多くの地方議会に広がりを見せている。また、この対面方式を導入すると同時に三重テレビ放送にて本会議での一般質問を生中継することになった。私が当選してからはこの仕組みなので、前の状況と比較は出来ないが先輩議員の話では、このテレビ中継の効果は大きく、一般質問の質や中身が県民の前にさらされるため、その対応ができないと考えた古い議員が引退を決意するにいたったといった話を耳にする。このように本会議場の形を変えて、公開したことにより議会の質が飛躍的に向上し、執行部の皆さんの意識も大きく変わってきたといえる。

3、議会基本条例の立案・制定

対面方式の導入で本会議での議論は充実したためこの改革も重要であったが、三重県議会の改革で最も特筆されるのは２００６年に都道府県議会で初めて制定された議会基本条例である。この議会基本条例は、前文に二元代表制の理念を掲げ、「本県議会は、住民自治及び団体自治の原則にのっとり、真の地方自治の実現に向け、国や政党等との立場の違いを踏まえて自律し、知事その他の執行機関とは緊張ある関係を保ち、独立・対等の立場において、政策決定並びに知事等の事務の執行について監視及び評価を行うとともに、政策立案及び政策提言を行うものである。」と記載し、また第一条目的には、「この条例は、二元代表制の下、議会の基本理念、議員の責務及び活動原則等を定め、合議制の機関である議会の役割を明らかにするとともに、議会に関する基本的事項を定めることにより、地方自治の本旨に基づく県民の負託に的確にこたえ、もって県民福祉の向上及び県勢の伸展に寄与することを目的とする。」とした。これまで三重県議会が掲げてきた理念が条例としてこのように明文化された。

この議会基本条例制定後、最も有効的に三重県議会が議会の権能を発揮していく根拠となっているものは次の第十二条～第十四条である。

第十二条議会は、議会活動に関し、審査、諮問又は調査のため必要があると認めるときは、別に条例で定めるところにより、附属機関を設置することができる。第十三条議会は、県政の課題に関する調査のため必要があると認めるときは、議決により、学識経験を有する者等で構成する調査機関を設置することができる。第二議会は、必要があると認めるときは、前項の調査機関に、議員を構成員として加えることができる。

第十四条議会は、県政の課題に関する調査のため必要があると認めるときは、目的を明らかにした上で、議決により、議員で構成する検討会等を設置することができる。

この第十二条の議会に附属機関を設置することができるかどうかは国との見解の相違があり今なおこの解釈は定まっていないが、三重県議会が条例に規定したことは画期的なことである。また第十四条の検討会は議員提案条例を制定する際に設置され活用されてきている。（これまで私は、歯と口腔の健康づくり推進条例検討会のメンバーとして、また食の安全安心の確保に関する条例検証検討会の座長として、また手話言語に関する条例検討会の座長として条例づくりに関わってきた）議長のもとに設置される政策討論会議はこれまで三回設置されたが、県政の重要課題の際にこれまでその方向性を示す役割を果たしてきている

第二十二条では、「議会は、議会改革に継続的に取り組むため、議員で構成する議会改革推進会議を設置する。」と規定しこれまで超党派で議会改革を推進してきた原

動力となっていた議会改革推進会議を条例に基づくものとし未来に向けて議会改革を継続する思いを示した。

この議会基本条例制定時には私は一期生であったが全国初の条例づくりに関われたことは貴重な経験となった。その後、時代に合った見直しを行うため五年後に議会基本条例に関する検証検討プロジェクト会議が設置され私は副座長として条例が制定されてからの五年間の検証作業と未来に向けての更なる検討を行った。様々な議論があった中、新たに加えた内容としては、以下の三点が重要なものであった。一つは、第六条の二として、「議会は、議員の定数並びに選挙区及び各選挙区において選挙すべき議員の数について、県民意思等が的確に反映されるよう不断の見直しを行うものとする。」を加えた。私たち県議会議員の選挙区と定数については一票の格差等の問題があり、不断の見直しが必要であることは当然のことであるが、それぞれの選挙区事情がありなかなか進まないのが実態である。そのためこの条文を入れ、不断の見直しを行うことを条例に定めた。二つ目は、第七条に「議決責任を深く認識し」という言葉を入れたことである。この「議決責任」という言葉は、当初制定した時にも、そもそも「議決責任」とはどのような責任か、議員に「議決責任」はあるのかないのか、などの議論がありこの言葉を入れなかった経緯があった。そのような経緯を踏まえて見直しの際にあらためて議論し「議決責任を深く認識し」という言葉で決着して入れることになった。三つ目は、第十四条の二として、「議員は、知事等に対し文書による質問を行うことができる。」という条文を加え新たに文書質問が執行部に対して出来ることとなった。これらの内容を主として2014年に議会基本条例の一部が改正された。私は制定から改正までの議論に関わってきたため議会基本条例に対する思い入れは強くあるが、この条例制定後に当選してきた議員との温度差を感じることがある。今後新たに三重県議会に議員として関わる人たちにも必ずこの議会基本条例の基本的な考え理念は共有していってほしいものである。

4、立法機関としての実践

議会は条例という法令をつくるところであるが、多くの議会では、議員は執行部から提案された議案が良いか悪いか、住民にとって適切か否かを考えて採決するか否決するかを決めるだけである。実際、スタッフの体制を考えると議会事務局と執行部のスタッフの数には大きな開きがあり、結果として執行部提案の条例が多くなり、全国的にも議員提案条例というのは非常に少ない現状がある。しかし、私たちは議会基本条例を制定したことにより、議員の意識が政策決定者というだけではなく、政策立案者としても機能しなければならないと高まってきた。具体的に、条例を議員自ら発案し、条文をつくり、内容を説明し、みんなで検討し、決定することになった。

私が当選した2003年から三重県議会が議員提案条例として制定したものは、子どもを虐待から守る条例から始まり条例改正も含めて二十二本（内十三本は条例改正）でありこれは全国の中でかなり多いほうである。特に2006年の議会基本条例制定以降はその数は急激に増えている。中でも私が条例検討会のメンバーとして関わったのは、三重県地域産業振興条例、三重県議会基本条例、三重県食の安全・安心の確保に関する条例、みえ歯と口腔の健康づくり条例、三重県手話言語条例であり、それぞれの条例の一言一句議論して、考え方が分かれるところは喧々諤々の議論をして決定してきた。条文のみならず逐条解説にもこだわってつくってきたつもりである。それぞれ私にとっては思い入れの強い条例であるが、私たちが自分の思いを条例という形に出来るのは議員の意識の高さはもちろんであるが議会事務局の優秀な職員によるサポート体制が整っていることが重要である。

議会基本条例制定を契機として三重県議会は、議会が自ら仕組みをつくる、条例をつくるという文化が生まれてきて根付き始めた。この取り組みの積み重ねにより議会事務局の体制も強化されてきたように思う。現在では企画法務課の中に法務監が設置され議員提案条例を制定する時のバックアップ体制の中心的役割を担てくれる。また企画法務課内には衆議院や参議院の法制局で人事交流によって学んできたスタッフが配置されている。私は議会事務局の優秀なスタッフと共に、意識が高い議会で具体的な条例作りに多く関わらせていただき非常に大きな経験をさせていただいた。昨年からは、手話言語に関する条例検討会が設置され私が座長として条例づくりに取り組んできた。関係者や当事者の皆さんの思いと期待が大きい条例であり本年六月三十日に全会一致で可決することができた。

　このように何回か議員提案条例の検討会を経験してくることで、執行部から提案された議案の審議という受け身の姿勢から議会自ら条例を制定という積極的な姿勢に変貌してきたように感じる。また執行部との関係では、執行部が「この政策に力を入れないなら議会で条例をつくって政策誘導をする」といった自信と「具体的に条例づく

りをしたことによって執行部が抱える課題の共有」ができ、より深い政策議論が執行部との間で行われるようになるなどということが生まれてきている。一方、最近気になるのはこの議会基本条例制定からの改革の歴史を知らない、また学ぼうとしない議員が当選してくることがあることである。先ほど述べた手話言語に関する条例検討会を立ち上げる時にも、執行部がつくる検討をしてもらえるなら条例づくりは執行部に任せるのが筋だと堂々と発言する議員がいたことは残念であり私は非常に驚いた。私は改革に終わりはないと考えているが、実際条例づくりや様々な改革に直接関わってきた者とそうでない者との間のギャップは開いてきていると感じるところがある。私自身が使命感を持ってこれからも県民の思いを形にするため仕組みづくり、条例づくりに真剣に取り組むことは当然であるが、改革の歴史を引き継げる議会人を育てていかなければいけないと感じ始めている。

5、通年議会の採用

三重県議会は現在通年議会を導入して、一月に開会し十二月末に閉会するまで基本的にずっと議会は開いている状態である。この通年議会導入の議論は、議会の招集権の問題からきた所が大きく、地方自治法では知事に議会の招集権があり議長に招集権がないといったことから始まった議論である。議長に議会の招集権を認めることは当然のことであり三重県議会でもそのための地方自治法改正を国に働きかけてきたが、なかなか法改正に至らない現実があった。そんな中、通年議会で一年中議会を開いていれば招集権の必要性がほとんどなくなりいつでも議長が本会議を開くことが出来るといったことから通年制導入の検討が始まった。

私が初当選した時の会期は年四回制であり、五月の役選臨時議会以外に、六月、九月、十二月、三月にそれぞれ約一カ月間の議会が開かれていた。三重県議会のみならずすべての地方議会がこの年四回制であったように思う。通年議会導入の検討結果は、まず年三会期制として、九月議会と十二月議会を一つの会期とするものであった。その後検証し通年議会の導入を行うといった手順となった。当時は初めてのことであったため議員からは毎日議会に拘束されると地元活動がおろそかになるといった声や、執行部からは議会対応の時間に多く取られ困るといった声も多かったが、実際は、議案上程や採決についてはこれまでの年四回制の時のように基本は年四回として、連続して毎日のように議案が出てくるといったことはなくまとめて上程され採決されるため大きな負担感は議員、執行部共にないであろうということで決着した。

この通年制を導入して変わったことは、一年中議会が開かれているため知事の専決事項が減ったこと、災害等の対応での補正予算などの議会が迅速に開けること、委員会日程に余裕が出来て審議が充実したこと、制度としてはあっても地方議会では日程上の問題でなかなか開催されることがなかった公聴会が開催できるようになったこと(三重県議会では五十二年ぶりに公聴会を開催した)などがあげられる。通年議会だと毎日議会に行っているとの誤解をもたれやすいが地元活動が可能なように休会日とのメリハリをつけた議会となっている。ただ、年四回制の頃と比べると通年議会になって議会に登庁する日が増えたことは確かである。

長崎県議会では三重県議会同様に通年議会を導入してわずか2年間でもとに戻すといったことが起こったが、私は通年議会のメリットは多く一度導入してまたもとに戻すといった判断は理解に苦しむ。三重県議会では通年議会は当然のものとして定着していて、導入時には反対をしていた方もいたが今ではもとに戻そうといった声は聞かれない。むしろ通年議会の中で議会の権能をさらに高めるようこれから取組んでいく必要があると考える。

6、応召旅費制度の廃止

費用弁償については私が初当選した時は応召旅費という制度で、議会開会中に登庁すると自宅からの往復の距離に応じて一万六百円から二万四百円が支払われるものであった。私は四日市から津の往復をするだけで議会開会中は約一万円の応召旅費を受け取ることができ、当時の会期は約一カ月間であったため、そのうち二十日くらい登庁すると報酬とは別に約二十万円の応召旅費が支給された。報酬とは別にお金をもらえることはうれしいことではあるが、私はこの制度はおかしいと考え、当選したばかりの一期生で問題意識を共有してこの応召旅費制度廃止に向けて取組んだ。当選したばかりの2003年にしっかり議論をして結果としては、2004年度から応召旅費制度を廃止することができた。私自身がこの応召旅費制度の恩恵を被ったのは2003年の一年間のみとなった。当時は、先輩議員たちはこのような特権を普通に享受していたことに驚きと怒りがあったが、先輩議員たちの理解があったため全国で初めてこの応召旅費制度を廃止することができたのも事実である。

応召旅費制度廃止後は、費用弁償三千円+交通実費という制度に変わったが、その後、2010年には費用弁償一律三千円の制度を廃止し議会会議のあった日のみ交通費実費支給となり現在に至っている。交通費の考え方からすると実費支給というのは当然であるが2003年の当選から約七年かかって普通の状態にすることが出来たといえる。三重県議会には自らで自らを改革する力があると私は思っているが、その力がない議会は、今でも応召旅費制度をとっている。私は有権者にはこの応召旅費がどうなっているかという視点で自分の住んでいる自治体議会をチェックすることをお勧めする。議会改革を進めていくためには自らのことを自ら改革できる議員がいることが絶対条件である。そのことを見るいいバロメーターになるように思う。

7、議員年金の廃止

もう一つ私が当選した頃、議員の特権のように批判されていたものに議員年金の制度がある。国会議員は十年間当選すると議員年金をもらえる権利が発生し、地方議員は三期十二年間つとめると議員年金の権利が発生していた。ざっとした数字で恐縮だが、議員年金とは毎年、年間約百万円掛金を払っており、三期十二年以上つとめ六十五歳になって受給資格が出来ると年間約二百万円の年金が受給できるといった制度であった。ここで問題はこの議員年金は議員の掛金のみではなく四十％の公費が入っているという点であった。

当時、国会議員の国民年金未納問題が注目されたが、私たち議員は国民年金と議員年金の二つの年金を掛けていた。国会においては議員の特権だとの批判等もあり２００６年にこの議員年金制度は廃止された。また地方議会においても議員の特権だとの批判や、平成の市町村合併によって地方議員の数が大幅に減り、特に市町村議会では議員年金制度を維持できないといった問題もあり、２０１１年に廃止することになった。

私はこの議員年金制度については廃止すべきと主張していたためこの決定は大いに賛成である。一方、損得の話ではないが実態を少し書くと、議員年金制度は廃止されたが既に議員年金を受給している元議員の方々はその権利はなくならず永久に受給し続けることになる。また、廃止を決定した2011年の時点ですでに三期十二年つとめていた議員は議員年金を受給する権利はなくならない。ということから考えると当時私たち二期生と一期生がこの制度変更によって影響を受けることになった。私たち二期生は八年間であるので約八百万円、一期生は四年間であるので約四百万円掛けてきたことになるが約八十%が退職一時金として返還された。自分たちが掛けてきたお金が制度廃止に伴い根拠もなく八十%になって返ってくるというのは納得できる話ではないが、私たちは誰一人として文句を言うことなくこの改革を行った。

この議員年金制度については、先ほどから書いてきたように今後維持しようとすると更に公費の割合を増やさなければいけないことを考えると制度的にも問題もあり廃止して当然であったと考える。一方私が最近思うのは、議員には退職金はない。これはよく誤解されているが私たち議員は退職金はなく、今回の改革で議員年金制度もなくなった。会社勤めや労働組合に席を置きながら議員をやっている方は、老後にその組織から退職金や年金がもらえるのであろうが、私のように組織なく三十歳で当選させていただき議員をずっと続けることが出来た場合、老後は退職金はなく国民年金のみである。また議員の福利厚生は全く充実していないため、例えば健康診断等も自己責任である。正直、議員が自らの福利厚生や社会保障の話をしにくいためこのままでいいのかもしれないが、最近特に地方議会には組織や団体ではなく志を持って挑戦する若い政治家が増えてきていることを考えると、制度面の検討が必要であるように感じる。志や夢がありそのために政治家になったのだから自分の生活のことはどうでもいいといった心意気を私自身も持ってはいるが、今後、地方議員の福利厚生や社会保障のことも少し考える風潮になればいいのになと思っている。

私たちがこれまでの議員の特権的なものや不透明なものを公開し、制度を改める改革を行っていくことで有権者の理解が広がり、お金持ちや組織がある人しか政治家になれないということではなく、志あるものが思う存分政治活動できるような仕組み作りを求める声が広がっていくことを期待したい。

8、議員定数削減・選挙区見直し

議会の様々な議論の中で、最も難しい議論になるのが議員定数削減・選挙区見直しの議論である。総論賛成各論反対ということが顕著にあらわれるのがこの議論である。

議員定数を削減すると住民の声が届きにくくなるなどの理由から定数削減に反対の声もあるが、基本的には、人口減少時代に入り、一票の格差を考えながら議員定数は削減していくべきだといった考えが多くの方の声であると考える。現在、三重県議会議員の定数は五十一である。２０００年に、四日市選挙区、鈴鹿市選挙区、津市選挙区、松阪市選挙区の定数を一減らし五十五から五十一へと四削減して現在に至っている。その時本来は一票の格差を考えると県南部地域の定数を削減すべきであったが、南部地域の定数削減は次回に行うとの付帯条件をつけて都市部の定数が四削減された。

私事を言うと、私は１９９９年三重県議会議員選挙に挑戦して落選したが、その時の四日市選挙区の定数は八であった。２０００年に定数が一削減され２００３年の選挙は定数七で行われることになった。私はこの定数削減の議論の時、当時、選挙区調査特別委員会の委員長であった岩名先生から、四日市選挙区の定数を一減らすにあたり、前回落選している私の意見も聞いていただいたことを鮮明に覚えている。私は、基本的に意見を言える立場にないのに聞いていただけることに感謝をし、落選して次挑戦する者として定数が減ることは厳しいことは事実だが、議員定数削減の方向には賛成であり、定数が減っても次に勝てるよう全力を尽くすだけであるといったことをお答えした。この岩名先生の心遣いはうれしく私自身このような政治家になりたいと思ったものである。このような経緯もあり、私は２００３年初当選してから、一票の格差を是正するため、2000年定数削減をした際の付帯条件について取り組みたいと考え、更なる定数削減と選挙区見直しをしなければいけないと主張してきた。しかし残念ながら他の議員の腰は重く、2005年に立ち上げた選挙区調査特別委員会では何の成果も出すことが出来ず、その後についても同様であり、一期目、二期目は何も動かすことが出来なかった。そしてようやく2012年選挙区調査特別委員会を設置し私も委員として議論できることになり、結論としては不満もあるが、一年以上に渡る議論の結果を出すことになった。

私たち新政みえは、会派の中での議論を何度も積み重ね、伊勢市選挙区で一減、鳥羽選挙区・志摩選挙区合区して一減、東紀州選挙区合区して一減の定数三減か、伊勢市選挙区一減、東紀州選挙区合区して一減、鳥羽選挙区・志摩選挙区合区のみにして定数二減のいずれかが妥当な結果であると考えていた。特別委員会でも終始私たち新政みえの委員はこの方向で議論をしてきた。私は今でもこのいずれかが最も良い結論であったと考えている。しかし残念ながら約一年間の議論は混乱し混沌とした。最終的には、自民系会派二つが、2015年の選挙は伊勢市のみ一削減し、後は2019年に先送り、多気郡選挙区（二↓一）、度会郡選挙区（二↓一）、鳥羽市・志摩市選挙区合区（三↓二）、尾鷲市・北牟婁郡選挙区（二↓一）、熊野市・南牟婁郡選挙区（二↓一）とし、2015年には一削減、2019年には五削減し定数を四十五とする案を提案した。この案は、一票の格差の議論も2000年の付帯条件もこれまでの特別委員会の議論もすべて無視したものであり、このような極端な案を提示し私たち新政みえが受け入れられないであろうから今回の定数削減の議論はつぶれるであろうと考えての非常に卑劣なやり方であると感じた。私はこのようなやり方を今でも許すことはできないが、定数削減の議論を壊されることは避け結果を出すため、合理的理由がない2015年に伊勢市選挙区のみ一減らすということではなく、すべて2019年に先送りして2019年に自民会派が主張する定数五十一から四十五に削減することを申し上げ、会派としてもこれを受け入れそのような条例改正を行った。

2015年の選挙を終え、次回2019年選挙から三重県議会の定数は六削減され四十五になる。私は先ほども書いたが、定数二〜三削減が妥当であり六議席削減は多いとは感じている。しかし次回の選挙に向けて六削減は多いのでもう一度見直そうという声が今少しずつあることには違和感を覚える。まずは自分たちで決めた結果なのだから一度この選挙制度で選挙をするのが筋であると考えている。二十二回にわたる特別委員会を開催し出た結論に基づいて一度も選挙をすることなく見直すようであれば三重県議会は県民から見放されるのではないかと考える。

おわりに

日本は長い歴史のある国であるが、時代の変化のスピードがこれまでの歴史と比較できないくらい早い時代になっている。このスピードの中で先人たちが脈々と培ってきた大切なものが簡単に壊れてしまうリスクをはらんだ時代になっている。私たちは歴史から学び、先人たちの知恵を大切にしながら新しい仕組みを作り未来を切り開いていかなければいけない。

衆議院に小選挙区制度が導入され、政権交代可能な政治に変わったが、この形が日本に合うのかどうかの検証が必要である。政権選択の選挙を何度か経験したが、民主主義が大衆迎合主義に向かい始めている危機感を感じる。地方においては、首長と議会が対立する自治体が増え、大事なことが先送りされたり、民主主義が機能しない自治体が出てきている。首長選挙の公約では、政策課題はたくさんあるにもかかわらず、自分の退職金を無くすとか給料を減らすといったことばかりが注目されたり、地方議会選挙では議員定数を削減するとか政務活動費を減額するといったことばかり注目されポピュリズム化がひどい。ビジョンや夢や政策を語るより非常に大衆化されたゴシップネタの方が注目される状況に危機感を感じる。

日本は先人たちの努力により敗戦後七十年で平和で豊かな国になった。不断の努力で時代に即した仕組みを作り困難を乗り越え、世界から目標とされる国になった。一方人口減少時代に入り、超高齢化社会を迎え今までの仕組みを改めなければいけない時代に入った。目先のことと十年後と五十年後などの時間軸を峻別し、冷静に議論できる政治を作っていかなければいけない。次の世代に責任ある政治を行っていかなければいけない。未来の日本の形は、国からではなく地方からの挑戦でなければ創れないと感じる。目先のことを恐れて行動しないのではなく勇気を持って夢を語り形にする政治家が必要である。メディアがポピュリズムに流されることなく、有権者が大衆迎合主義に陥ることなく政治家を支え育てる文化を作っていかなければいけない。私はこの国の未来を憂いる一人として地方から新しい仕組みづくりをしていきたい。そのために目先のことだけにとらわれず、夢を語りビジョンを語り多くの皆さんに夢を共有いただけるよう訴え続けていきたいと思う。そして政治家としてそのビジョンを一歩ずつ確実に実現していきたいと思う。

このような熱い思いを込めて、県議会議員として四期十四年間の私の取組と、未来に責任を持つ覚悟をまとめてみた。今日まで多くの皆さんに支えられ政治家として歩んでこられたことに感謝をし、また初めての出版へご協力をいただいたイマジン出版株式会社の青木菜知子様に心から感謝を申し上げたい。

著者プロフィール

【氏名】稲 垣　昭 義（いながき　あきよし）

【生年月日】1972年（昭和47年）６月10日

【学歴】県立四日市高等学校　卒業

立教大学法学部法学科　卒業

【職歴】平成７年４月　㈱三重銀行入行

平成10年８月　㈱三重銀行退社

平成11年４月　三重県議会議員選挙出馬　次点

平成11年９月　創志塾　開校（学習塾）　塾長

平成12年３月　特定非営利活動法人

三重県フリーマーケット協会　設立専務理事

平成13年３月　創志塾にてパソコン教室スタート

パソコン寺子屋創志塾　　塾長

平成15年４月　三重県議会議員選挙　１期目当選

教育警察常任委員会副委員長

予算決算特別委員会理事　などを歴任

平成19年４月　三重県議会議員選挙　２期目当選

政策防災常任委員会委員長

NPO 等ソーシャルビジネス支援調査特別委員長

四日市港管理組合議会　議長　などを歴任

平成23年４月　三重県議会議員選挙　３期目当選

議会運営委員会副委員長

予算決算常任委員会委員長　などを歴任

平成27年４月　三重県議会議員選挙　４期目当選

三重県議会最大会派新政みえ政策局長

四日市の未来《あした》へ

発行日　2016年 7 月28日
著　者　稲垣　昭義©
発行人　片岡　幸三
印刷所　亜細亜印刷株式会社
発行所　**イマジン出版株式会社**

〒112-0013　東京都文京区音羽1-5-8
電話　03-3942-2520　　FAX　03-3942-2623
HP　http：//www.imagine-j.co.jp/

ISBN 978-4-87299-734-7　C0036　¥1700E